Kleine kriminalistische Bücherei

Band 6

Kriminologie

Von

Dr. Gerhard Ledig

Oberlandesgerichtsrat

beim Oberlandesgericht in Dresden

Berlin 1947

Walter de Gruyter & Co.

vormals G. J. Göschen'sche Verlagshandlung; J. Guttentag, Verlagsbuchhandlung - Georg Reimer - Karl J. Trübner - Veit & Comp.

Archiv Nr. 24 11 47/6

Druck:
Breer & Thiemann Buchdruckerei und Verlag G. m. b. H.
Hamm (Westf.)

Inhalt

Motto:

Grausam häufet ein höhnend Geschick
hier Schrecken des Wahnes.
Dich, Unseliger, trieb falscher Gestirne
Beruf.
Irr und bejammernswert hat alles hier
sich gestaltet.
Tat, Zweck, Mittel, Erfolg, fremdes und
eigenes Los.

(Varnhagen von Ense)

I.

Einleitung.

Die Welt des Strafrechtes ist die Welt der Paragraphen. Die Kriminologie aber behandelt das Verbrechen unabhängig von Gesetzesbestimmungen als Lebensvorgang. Im Rechtsstudium spielte sie bisher eine verhältnismäßig geringe Rolle. Aber es sind Anzeichen vorhanden, daß auch hier eine Änderung bevorsteht.

Die wissenschaftliche Behandlung begegnet auch auf diesem Gebiete zur Zeit besonderen Schwierigkeiten. Bibliotheken sind verbrannt. Buchhandel und Buchleihverkehr liegen noch darnieder. Wichtige Werke über Verbrechenslehre sind schwer erhältlich. Nur unter besonderen Glücksumständen ist es zur Zeit möglich, Kriminologie so zu betreiben, wie es wissenschaftliche Tradition und akademische Gewöhnung verlangen. Mit Recht wird es dem wissenschaftlichen Schriftsteller verdacht, wenn er es unterläßt, zu den Ergebnissen früherer Forschung Stellung zu nehmen und seine eigenen Leistungen an die von anderen geschaffene Gedankengrundlage anzuknüpfen. Denn Wissenschaft ist eine durch Generationen fortgesetzte Kollektivarbeit.

Diesem Erfordernis wissenschaftlicher Kontinuität kann nach der Zertrümmerung des europäischen Kulturlebens nur mit Mühe genug getan werden.

Man könnte einwenden, daß der Schaden, der durch ein Versagen in diesem Punkte entstehen könnte, dadurch an Gewicht verlöre, daß das durch Kriegsereignisse vernichtete Schrifttum zu einem erheblichen Teile veraltet war. Und zwar beruhte sein Überholtsein nicht nur wie in anderen Wissenschaften auf dem Erwerb neuer Erkenntnisse und der Richtigstellung von Irrtümern, sondern vor allem darauf, daß die Grundlagen, auf denen die Lehre vom Verbrechertum in den verlorengegangenen oder unzugänglich gewordenen Büchern aufgebaut war, durch die Zeitereignisse zusammengebrochen oder geschwunden sind.

Eine wirklichkeitsnahe Betrachtungsweise faßt — in Übereinstimmung übrigens mit dem Marxismus — das Verbrechen als Ausdruck der gesellschaftlichen Verhältnisse auf. Die Kriminologie kann sich daher mit einem erheblichen Teil ihrer Erkenntnisse immer nur auf die Kriminalität einer bestimmten Gesellschaftsepoche beziehen. Das Verbrechen im deutschen Kaiserreiche war zu einem wesentlichen Teil seiner Grundlagen und Erscheinungsformen anders geartet als im sogenannten dritten Reiche und im Deutschland der gegenwärtigen Nachkriegszeit. Die Beendigung des großen Krieges ist überall der Auftakt zum Entstehen neuer sozialer Zustände. Daher wird das Verbrechen, dem wir in Gegenwart und Zukunft ins Auge zu sehen haben, eine andere Gestaltung aufweisen, als die Kriminalität, die den Verfassern jener entschwundenen Bücher vorschwebte.

Aber die Auffassung, daß die bisherigen wissenschaftlichen Leistungen auf kriminologischem Gebiete entwertet seien, wäre doch — auch abgesehen von kulturgeschichtlichem Interesse — recht kurzsichtig. Denn die Struktur der Kriminalität ist zwar in großem Ausmaße, aber doch nicht restlos ein Produkt der Zeitverhältnisse und der jeweiligen Gesellschaftsordnung. Ein anderer Bestandteil der Verbrechenslehre aber ist im Ewig-Menschlichen begründet und geht im Kerne unverändert durch die gesellschaftlichen Umgestaltungen hindurch. Wenn Shakespeare im „Hamlet" darstellt, wie das Weib den Gatten ermorden läßt, um den Liebhaber zu heiraten, so haben wir hier ein Verbrechen, das sich in gleicher oder ähnlicher Konstellation in den verschiedensten Gesellschaftsepochen ereignet. Die Leidenschaften, die sich aus den erotischen und familiären Beziehungen der Geschlechter als Ursachen von Verbrechen ergeben, und die von der Kriminologie an sie geknüpften Erkenntnisse bleiben im Wechsel der zeitlichen Verhältnisse weitgehend beständig, und das Gleiche gilt etwa von Not, Hunger und Mangel als Antrieben strafbarer Beeinträchtigung fremder Besitztümer oder vom Einfluß geistiger Erkrankungen und ihnen nahestehender psychopathischer Zustände, wie sexuelle Perversität, Rauschgiftsucht, Alkoholismus, Hysterie, Altersschwachsinn oder ähnlichem. Auch die für die Verbrechenslehre unentbehrlichen und zugleich von ihr befruchteten Erkenntnisse der Psychologie tragen die Eignung in sich, vom Wandel der Gesellschaftszustände zwar nicht völlig, aber doch in weitem Ausmaße unabhängig zu bleiben.

Der Verbrechensforscher der Gegenwart hat daher zwei Arbeitsmethoden zu unterscheiden: Einerseits aus dem überkommenen Schrifttum nutzbar zu machen und weiter zu bilden, was von bleibendem Wert ist, und *ferner*, unbeeinflußt durch die bisherigen Meinungen, mit offenem Blick auf die herantretende Praxis die Zusammenhänge zwischen Verbrechen und zeitbedingter Gesellschaftsstruktur zu beobachten und zu verfolgen. Bei der Bearbeitung der ersten Aufgabe wird er feststellen können, daß uns manches Thema, das die alte Kriminologie — etwa zur Zeit des verdienstvollen Dresdner Forschers Erich Wulffen — lebhaft beschäftigte, heute bereits recht abgestanden und antiquiert vorkommt. Hierzu gehören Formulierungen wie „Krieg und Kriminalität", „Kriminalität der Frau", „Einfluß der Lebensmittelpreise", „Arbeitslosigkeit und Verbrechen", „Einfluß der Jahreszeiten", „Einfluß der Prostitution" und in gewisser Hinsicht sogar „Einfluß des Alkoholismus". In einer relativ stabilen und geruhsamen Gesellschaftssituation, wie sie uns etwa die Zeit vor dem ersten Weltkriege darbot, waren diese Fragen wichtige Gesichtspunkte für die Beurteilung krimineller Zustände und Ereignisse. Für unsere stürmisch bewegte Gegenwart aber haben sie ihre ausschlaggebende Bedeutung verloren oder sie sind zum mindesten in die zweite Linie gerückt. Teilweise waren sie — wie etwa die Themen „Krieg und Kriminalität" und „Frau und Kriminalität" — zu weit und unbestimmt formuliert, um für spätere an Kompliziertheit kaum zu überbietende Zeitumstände entscheidende Maßstäbe bieten zu können. Die Prostitution muß sich in einer auf der Übereinanderschichtung wirtschaftlich abgestufter Bevölkerungskreise beruhenden Gesellschaftsordnung wesentlich anders auf die Kriminalität auswirken, als in einem Gemeinwesen, das zu weitgehender wirtschaftlicher Nivellierung hinstrebt. Anderseits kann sich bei einer solchen Sichtung erweisen, daß manches, was auf den ersten Blick überholt anmutete, einen höheren Lebenswert, als man meinen möchte, für die Gegenwart aufweist. So kommt zum Beispiel die in den Ruf der Rückständigkeit geratene Lehre, daß der Sinn der Strafe die Vergeltung sei, unter dem Gesichtspunkt des Antifaschismus in gewissem Maße wieder zu Ehren.

Bei der zweiten der beiden umrissenen Aufgaben, nämlich in der Umwelt und der herantretenden Praxis die Zusammenhänge zwischen Verbrechen und zeitbedingter Situation zu verfolgen, ist der heutige Kriminologe im Wesentlichen auf sich selbst angewiesen. Bücher, die diesese Thema auf die Gegenwart anwenden, gibt es noch nicht. Aktenstücke, Gerichtsverhandlungen, Pressenotizen, Berichte von Amtsstellen und Personen, die unter irgendwelchen Gesichtspunkten mit Verbrechensbekämpfung und Strafrechtspflege zu tun haben, mündlich Gehörtes und gelegentlich Beobachtetes sind im wesentlichen die Quellen, aus denen hier Erkenntnisse zu schöpfen sind. Dabei handelt es sich für kriminologische Studien zunächst um Rohmaterial oder allenfalls Halbfabrikat, aus dem allmählich eine zeitgemäße Lehre vom Wesen des Verbrechens der Gegenwart, seiner

Struktur, seinen Ursachen, seiner Bekämpfung, zu bilden ist. Fertige Theorien werden darüber bis auf weiteres noch nicht vorzutragen sein. Die Aufgabe würde am zweckmäßigsten gefördert, wenn sich in den interessierten Kreisen wissenschaftliche Arbeitsgemeinschaften zur gegenseitigen Informierung und Aussprache zusammenschlössen, die zugleich Anstoß zu eigener fortgesetzter Beobachtung böten. Auch auf kriminologischem Gebiet gilt das Ziel, das der Rektor der Universität Leipzig, Professor Gadamer, in seiner Eröffnungsansprache 1946 als den sittlichen Antrieb wissenschaftlichen Erkenntnisstrebens kennzeichnete: daß sich dem Forscher Wirkliches erschließe, das noch kein menschlicher Geist vor ihm sah. Die Berufe des Strafrichters, des Staatsanwalts, des Verteidigers, des Polizeibeamten, des Gerichtsberichterstatters, der Sozialfürsorgerin, des Strafvollzugs- und Strafjustizbeamten, des Straffälligenbetreuers, des Gefängnisgeistlichen, des Gerichtsarztes und Psychiaters dienen der Praxis, aber bei voller Ausschöpfung der in ihnen enthaltenen geistigen Möglichkeiten können sie zu einer von lebensechter Wissenschaftlichkeit erfüllten Einsicht in das Wesen von Verbrechen und Strafe führen.

Wollte man sich über die Zusammenhänge orientieren, die zwischen den heute entgegentretenden Erscheinungsformen der Kriminalität und der zeitbedingten Struktur der gesellschaftlichen Zustände bestehen, so wäre zunächst in groben Umrissen eine Zergliederung der gegenwärtigen Situation vonnöten. Wir lebten im Zeitpunkt der Abfassung dieser Zeilen in einem verhältnismäßig frühen Stadium der Nachzeit eines universalen Krieges, in dem die zivile Bevölkerung im weitesten Maße in die Katastrophen einbezogen wurde. Unsere Städte wurden großenteils zerstört. Die Flucht vor den Kriegsereignissen hatte in umfassendem Maße eingesetzt. Wohnungen und Produktionsmittel waren vernichtet. Obdachlosigkeit, Verlust der Habe und Mangel am Notwendigsten waren die Folge. Ausgedehnte Umsiedlungen machten sich nötig. Im Zusammenhang mit der Massenflucht der Bevölkerung stand das Problem der zivilen Rückkehrer. Die Vernichtung der Industriewaren und die Unmöglichkeit ausreichender Wiederherstellung verliehen dem Verlust der Habe und dem Mangel besonderes Gewicht und ließen ihn nicht als vorübergehenden Zustand erscheinen. Die Lage zahlloser Ausgebombter war bedrückend. Das enge Zusammenwohnen, die gemeinsame Benutzung des Hausrats gefährdeten die Eintracht und beeinträchtigten das Gefühl der Geborgenheit im Heim. Flüchtlingsgut in verlassenen Wohnungen war gegen unberechtigten Zugriff schwer zu schützen. Die Familienbande waren durch die Kriegsereignisse und ihre Folgen weitgehend zerrissen. Langandauernde räumliche Trennung, Ungewißheit über das Los der Angehörigen, innere Entfremdung und Eingehung neuer Bindungen gaben dem Gemeinschaftsleben vielfach einen veränderten Charakter und wirken sich nicht nur in der überhandnehmenden Trennung von Ehen, sondern auch unmittelbar auf kriminellem Gebiete aus.

Die Verwüstungen des Krieges hatten chronische Ernährungsschwierigkeiten herbeigeführt. Die Lebensmittel unterlagen einer strengen Rationierung. Die Verödung von Vierteln in den zerstörten Städten schut Unterschlupf- und Diebstahlsmöglichkeiten in Ruinen. Ein Bandenwesen drohte überhand zu nehmen. Der schwarze Markt florierte und nährte sich zum Teil von Erträgnissen des Banditentums. Der Mangel an Wirtschaftsgütern und die Notwendigkeit behelfsmäßiger Deckung führte zum Entstehen eines ausgedehnten Tauschverkehrs. Gewisse Güter (Schnaps, Zigaretten u. a.) gewannen dabei die Stellung bevorzugter Tauschmittel.

Alle diese sich auch in der Kriminalität spiegelnden Momente waren Folgen eines verlorenen Krieges. Der militärische Zusammenbruch hatte zur Besetzung des deutschen Gebietes durch die Siegermächte und zu seiner Trennung in Zonen, die mit wirtschaftlichen und personalen Beschränkungen verbunden war, geführt. In den Bereichen, wo die soziale Weltanschauung des Marxismus Beurteilungsgesichtspunkt ethischer und politischer Wertung geworden war, wurden Vorkehrungen zur Beseitigung und Verhinderung klassenmäßiger Gesellschaftsschichtung und kapitalistischer Vorzugsstellungen getroffen, die in beträchtlichem Umfange die Angleichung der bisher besitzenden und der mittellosen Volksteile herbeiführten. Der im Kriege zusammengebrochene Staat, dessen Erbe die gegenwärtigen Machtträger zu übernehmen hatten, war in seinem Regime verbrecherisch gewesen, hatte aber zugleich auch die einzige Instanz gebildet, die für laufende Erledigung der unverfänglichen Staatsaufgaben vorhanden gewesen war, wodurch für weite Kreise schwierige Konflikte herbeigeführt wurden. Die Katastrophe beruhte auf der Kollektivschuld des deutschen Volkes und der zu dieser hinzutretenden persönlichen Verantwortlichkeit zahlreicher einzelner. Weite Kreise waren durch die Propaganda des Regimes zu einem Verhalten bestimmt worden, dessen amoralischer Charakter immer klarer zu Tag trat. Das Bedürfnis der Reinigung des öffentlichen Lebens und der einflußreichen Positionen erforderte nach dem Zusammenbruch ungezählte Maßregelungen und Entlassungen, die eine Verweisung der Betroffenen in die Handarbeiterberufe zur Folge hatten. Die geistige Atmosphäre des Gemeinwesens stand über die Grenzen der Zonen hinweg unter dem Zeichen des Antifaschismus und wurde von dem Gedanken der Ablehnung einer als kriminell entlarvten historischen Episode beherrscht.

Im Zusammenhang mit der als Grundlage kriminologischer Orientierung skizzierten Situationsanalyse hätte man sich zu vergegenwärtigen, welche Zusammenstellung menschlicher Schicksalstypen sich aus den Geschehnissen der vorangegangenen Jahre und ihren Voraussetzungen ergeben hatte: Es gab Ausgebombte, Flüchtlinge, Umsiedler, Gemaßregelte, Kriegsverletzte, heimkehrende Kriegsgefangene, Kriegsverwaiste und -witwen, Opfer des Faschismus, Mitschuldige des Nazismus, Kriegsverbrecher und andere Gruppen von Erlebnisträgern. Eine wirklichkeitsnahe kriminologische Betrachtungsweise wird ihr Augenmerk darauf zu richten haben, in welchen Bereichen der Gesellschaftsstruktur das Verbrechen sich vorzugsweise ansiedelt, in welchen Erscheinungsformen und welchen Zusammenhängen mit den grundlegenden Faktoren der Zeitsituation dies geschieht, welche lebenswichtigen Punkte des Gemeinschaftskörpers dadurch berührt werden und welche Veränderungen und gesetzmäßigen Verläufe dabei etwa zu beobachten wären. Wir können diese Aufgabe im Rahmen dieser Schrift nicht durchführen, sondern nur auf sie hinweisen und bringen zur Illustrierung der Verschiedenheit des Stils der gegenwärtigen Kriminalität und des Verbrechens einer vergangenen Epoche eine Reihe von Beispielen, die weniger unter dem Gesichtspunkte der Häufigkeit des Vorkommens als wegen ihrer symptomatischen Bedeutung für die Zeitsituation und des Interesses, das sie in kriminalistisch interessierten Kreisen erregten, gewählt sind. Aus der Zeit vor dem ersten Weltkriege und auch noch zwischen den beiden Kriegen hören wir Berichte von großen Hoteldieben in Trikotanzügen, berühmten Juwelendieben und Juwelenbetrügern, Hochstaplern mit hervorragenden schauspielerischen Talenten, Meineidigen aus Standesgefühl, die die Ehre einer Dame zu schonen bemüht sind, Wucherern, die mit Kavalieren Geschäfte machen, Bankdirektoren, die mit frisierten Bilanzen arbeiten, Rechtsanwälten, die sich an Mandantengeldern vergreifen, Ärzten, die unerlaubte Abtreibungen vornehmen, Falschspielern mit hohen Beziehungen, die sich im „Klub der Harmlosen" zusammenschließen, einem perversen Bankier, der sich Schulmädchen zu unsittlichen Zwecken vorführen ließ und im Strafverfahren Riesensummen zu Bestechungen und Zeugenbeeinflussungen verwendete. Wir hören von Brandstiftungen zum Zwecke des Versicherungsbetrugs, Gründung von gewinnversprechenden Schwindelfirmen, Wettkonzernschwindel, Erfindungsschwindel, Liebesaffären mit Bluttaten in Familien der Aristokratie oder des Großbürgertums, vom Meineid eines homosexuellen Hofwürdenträgers, von Bauernfängern, die sich in großen Städten an zugereiste Personen heranmachten, Mädchenhändlern, deren wirkliche Existenz allerdings von erfahrenen Kriminalisten bestritten wurde. Erpressern gegen begüterte Homosexuelle, Heiratsschwindlern, berufsmäßigen Diebinnen, die sich mit gefälschten Zeugnissen als Dienstboten einmieten, und dabei mit ihren Liebhabern zusammenarbeiten, von Kollidiebstählen, durch organisierte, mit Kraftwagen arbeitende Diebesbanden, Überfällen auf Kassenboten, technisch hochqualifizierten Einbrüchen in Stahlkammern von Banken, genialen Fälschungen berühmter Kunstwerke, einer Kindesunterschiebung in gräflichem Hause zu Erbschaftszwecken, von Kindesmißhandlungen durch ein sadistisch veranlagtes Akademikerehepaar, von dem bei studentischen Korporationen als Prinz auftretenden Hochstapler, der dann Memoiren über seine Verbrecherlaufbahn erscheinen ließ, vom Hauptmann von Köpenick (vgl. unten Seite 64), vom erpresserischen Babyraub im Hause des Ozeanfliegers. Auch in der kleinen Kriminalität des Alltags spielten in überwiegendem Maße Vermögensinteressen die ausschlaggebende Rolle: Kreditbetrug, Fälschungen von Wechseln und Auftragsurkunden der Provisionsreisenden, Kautionsschwindel, Unterschlagung von Kassengeldern aus Not oder Vergnügungssucht, in weitem Maße allerdings auch Trunkenheitsdelikte, gehören zum täglichen Brot der Gerichte.

Greifen wir, ohne lange zu wählen, unter dem Gesichtspunkt, daß auch auf dem Gebiet des Verbrechens das Leben da interessant ist, wo es gepackt wird, in die Bestände der gegenwärtigen Kriminalität, so finden wir: Teilnehmer an Judenprogromen und Denunzianten der Hitlerzeit werden zur Verantwortung gezogen, ebenso der Beamte einer hervorgehobenen Behörde, der beim Herannahen der Besatzungsmacht zur Verdeckung seiner NSDAP-Zugehörigkeit seine Personalakten fälschte, und die Pg's, die auf Fragebogen und auf eidesstattlichen Versicherungen ihre Vergangenheit zu verleugnen suchten. — Junge Burschen warfen Tränengasampullen in eine Kundgebung antifaschistischer Jugend. — Ein Volkssturmmann hat in den Tagen des Zusammenbruchs mit einer Maschinenpistole in eine Menschenansammlung geschossen, die einen fliehenden Ortsgruppenleiter zurückhalten wollte. — Die Leiterin eines Kinderlandverschickungslagers der NSV hat sich kurz vor dem Zusammenbruch an weiblichen Untergebenen unsittlich vergangen. — Eine an der Lebensmittelverteilung beteiligte Frau bevölkerte auf ihren Listen unbewohnte Häuser mit fingierten Personen, um für diese Lebensmittelkarten zu beziehen. Sie trieb mit den Karten schwunghaften Handel und veranstaltete mit den Erträgnissen „bunte Abende", auf denen es hoch herging. (Der Fall erinnert an Nikolaus Gogols Roman „Die toten Seelen", wo im zaristischen Rußland Listen längst verstorbener Leibeigener aufgekauft werden, um sie in schwindelhafter Weise für Entschädigungsansprüche im Zuge der Bauernbefreiungsaktion zu verwerten.) — In einem Rathaus machten sich Reinemachefrauen an die auf dem Boden lagernden Bestände von Lebensmittelmarken, die von Geschäften eingenommen wurden, heran. Riesenmengen wertvollster Nahrungsmittel wurden auf diese Weise von ihnen und ihren Hintermännern ergaunert. Der Vertrieb war jahrelang im Gange und erstreckte sich über entfernte Landesteile. — Buchdruckerlehrlinge fertigten in ihrem Betrieb falsche Brotmarken an. — Das Fleisch geschlachteter Schweine wurde vergraben und dann dem Ernährungsamt als gestohlen gemeldet. — Hamsterlager von Lebensmitteln und Sachwerten aller Art wurden entdeckt. — Beiseite gebrachte Mengen von Speck wurden eingemauert. — Bei Einbrüchen wurden Tiere an Ort und Stelle geschlachtet. — Eine Firma sendete Rundschreiben an ländliche Heimbürgerinnen, in denen sie Lieferung von Sterbegarnituren gegen Beschaffung von Lebensmitteln anbietet. — Junge Leute brechen bei Lebensmittelhändlern ein und lassen sich die Beute bei ehrbaren Verwandten, die aber auch nicht ganz gutgläubig sind, zubereiten. — Banditen überfallen Bauerngehöfte und erschießen die Schweine. — Der schwarze Markt, der auf Ware wartete, erwies sich vielfach als Ursache des Banditentums. Bewaffnete Autokolonnen, deren Insassen fälschlich als Ausländer auftraten, suchten zu räuberischen Zwecken ferne Gegenden auf. — Erwachsene bestahlen einkaufende Kinder in Lebensmittelgeschäften und ließen Einbrüche durch junge

Burschen verüben. — Erntediebstähle und Obstdiebstähle, namentlich aus Ruinengärten, waren häufig, ebenso Einbrüche in Wohnungen, die im Zusammenhang mit den Kriegsereignissen verlassen wurden. — Requirierte Autos, die nach Gebrauch stehenblieben, wurden von Privaten unrechtmäßig angeeignet. — Frauen, die ihre Männer aus dem Felde zurückerwarteten, trieben ihre außerehelich empfangene Leibesfrucht ab. — Angestellte einer Zentraltransportleitstelle beschlagnahmten zu billigen Preisen Wagen und gründeten damit auf eigene Rechnung ein Speditionsunternehmen. — Geschlechtskranke Mädchen wurden in Tanzdielen aufgegriffen. — Kriegsheimkehrer, denen ihre früheren Existenzmöglichkeiten entschwunden waren, wurden zu gelehrigen Schülern des schwarzen Marktes. — Ein ehemaliger Sanitätsgehilfe, von Beruf Bäcker, eröffnete als falscher Arzt eine Praxis und fand wegen des Ärztemangels regen Zuspruch. — Wegen der Verhältnisse kurz vor dem Zusammenbruch schied eine Frau aus dem Leben und tötete dabei auch ihre Kinder. Eine Bekannte, die sich nach ihrem Tod ihre Sachen aneignete, hatte ihr zu diesem Zweck einen Strick gegeben. Sie wurde wegen Unterschlagung und Beihilfe zum Totschlag verurteilt. — Totalgeschädigte plünderten die ihnen zur Verfügung gestellten Flüchtlingswohnungen aus. — Kinder wurden beim Spielen mit einer Panzerfaust getötet; die Grundstückseigentümerin wurde weggen Fahrlässigkeit zur Verantwortung gezogen. — Ein Fleischermeister schlief zu Bewachungszwecken in seinem durch Bombenabwurf beschädigten Geschäft. Ein junger Kriegsheimkehrer, der einbrechen wollte, erschlug ihn. — Kartenlegerinnen spionierten auf Bauernhöfen zur Vorbereitung geplanter Einbrüche. — Ein schwindelhafter Hellseher machte Angaben über Vermißte. — Durch die Trennung wegen der Kriegsereignisse kommen Fälle strafbarer Doppelehe vor. — Heimkehrer, deren Ehe früher glücklich war, verstanden sich nach der Rückkunft nicht mehr mit ihren Frauen, fühlten sich aber doch innerlich an sie gebunden. Es kam zu Eifersuchtsszenen, die bei beiden Teilen ihren guten

Grund hatten, und schließlich zu Bluttaten. Während der Trennung erworbene Geschlechtskrankheiten spielten dabei mitunter eine Rolle. — Zwei achtzehnjährige Burschen und eine vierzigjährige Frau suchten eine über einem Tanzlokal wohnende Tauschhändlerin auf, um sich bei ihr Zigaretten für sich zu beschaffen. Da sie in der Wohnung größere Bestände an Tabakwaren bemerkten, vereinbarten sie auf der Rückfahrt in der Straßenbahn einen Raubüberfall, der dann zur Ermordung der Mutter der Zigarettenbesitzerin führte. —

Weiter soll diese Bestandsaufnahme nicht fortgesetzt werden. Die sorgfältige Beobachtung und zusammenfassende Vergegenwärtigung der qualitativen Artung vorkommender Verbrechensfälle ist neben der noch zu zu besprechenden statistischen Methode (vgl. unten Seite 67) ein wichtiges Mittel kriminologischer Strukturforschung.

II.

Kriminologie als Wesensschau des Verbrechens.

Das Verbrechen bedeutet stets den Konflikt eines Menschens mit der ihn umgebenden Kulturordnung, insofern sie ihren Niederschlag im Strafrecht findet. Das Kriminelle setzt daher seinem Wesen nach zwei Faktoren zueinander in Beziehung: einerseits das menschliche Verhalten mit der ganzen Fülle der ihm zugrundeliegenden Lebensverhältnisse und Motivationsverläufe und andererseits das geistige Gebilde der Rechtsordnung, das unabhängig vom Wechsel der ihm unterstellten Individuen verharrt. So bietet sich das Verbrechen der wissenschaftlichen Erkenntnis nicht als einschichtige, einem bestimmten Lebensgebiet zugehörige Erscheinung dar, sondern es ragt in verschiedene Seinsbereiche hinein: aus dem auf der Grundlage des Körperlich-Organischen beruhenden Psychologischen in das Soziologische, die Welt der gesellschaftlichen Zusammenhänge, und schließlich in die Sphäre der juristischen Normen. Das Verbrechen stellt sich gleichsam als Schnitt- und Kreuzungsstelle verschiedener Ebenen dar, die das ordnende

Denken auseinanderzuhalten bestrebt ist. Die Wissenschaft vom Verbrechen, in ihrer Totalität genommen, weist daher nicht ein einziges Zentrum, sondern mehrere Schwerpunkte auf, die eben im Biologisch-Psychologischen, im Soziologischen und im Felde der Rechtsordnung gelegen sind. Die Kriminologie kehrt sich, im Gegensatz zu der strafrechtlichen Betrachtungsweise, bewußt von der einseitigen Beachtung der Rechtsnormen ab, um sich der Lebensseite, dem Handeln des Täters, wie es aus dessen Persönlichkeit, Umwelt, Beweggründen hervorgeht, zuzuwenden. Die Rechtsordnung spielt dabei vor allem insoweit eine Rolle, als sie ja nicht nur gedankliches Gebilde, sondern zugleich auch Lebensrealität, und für den Verbrecher sogar eine der schiksalsschwersten, bedeutet. Die Kriminologie wurde aus der Erkenntnis heraus geboren, daß es auf dem Gebiet des Verbrechens Dinge gibt, von denen sich die Schulweisheit der auf das Gesetz begründeten Strafrechtswissenschaft nichts träumen ließ. Das Strafrecht hatte in seinem geschlossenen Normensystem nur gewisse Hintertüren gelassen, durch die der durch Rechtsbegriffe nicht eingezwängte Strom der dem Verbrechen zugrundeliegenden Lebensverhältnisse in die Praxis eindringen konnte. Solche Ansatzpunkte waren die Strafzumessung innerhalb des gesetzlich gegebenen Strafrahmens, die Mitwirkung von Laienrichtern, die Bestimmungen über Notlage, über Zurechnungsfähigkeit, über Strafbarkeitseinsicht der Jugendlichen, Fragen der Begnadigung, des Strafvollzugs, der Begriff der mildernden Umstände und manches andere. Diese Gesichtspunkte wurden aber dem Bedürfnis nach universaler Beurteilung des Verbrechensphänomens nicht gerecht. In suggestiver Formulierung stellte Aschaffenburg um die Jahrhundertwende die Forderung auf: „Bedarf es noch eines Wortes, weshalb der Richter aus dem Gerichtssaal und dem Arbeitszimmer herabsteigen, vom Schreibtische heraustreten soll in das Leben, unter das Volk, um die Verbrecher kennenzulernen? Eine Fülle neuer Gesichtspunkte tritt uns entgegen!“ Franz von Lißt und andere wirkten in gleicher Richtung.

Allerdings kann die Kriminologie ihren Gegenstand auch rein logisch genommen von vornherein nicht unabhängig von rechtlichen Gesichtspunkten bestimmen. Denn sie beschäftigt sich mit verbrecherischem Handeln, und was ein Verbrecher ist, wird ja eben vom Recht bestimmt. Mit dem Wandel der Rechtsordnung ändert sich in gewissen Grenzen auch der Begriff des Kriminellen. Sie hat es also, genau genommen, mit einem fließenden Gegenstand zu tun. Man kann aber nicht behaupten, daß dadurch ihr Gegenstand sich verflüchtige oder unscharf werde. Denn die Verbrecher bilden innerhalb der Gesellschaft eine in gewissem Sinne durch Schicksalsgemeinschaft verbundene Gruppe, über deren soziologische Abgrenzung und Zusammengehörigkeit man sich im wesentlichen einig ist. Das Bewußtsein und der gesellschaftliche Ruf des — sei es chronischen, sei es temporären — moralischen Aus-dem-Geleise-Geworfen-Seins unterscheidet den Verbrecher etwa vom politischen Überzeugungstäter oder dem Kraftwagenführer, der durch Versagen seiner Nerven fahrlässig den Tod von Menschen verursacht hat, und durch dessen Einbeziehung der Begriff des Kriminellen verschoben würde. Zu beachten ist insbesondere, daß es zu beträchtlichen Divergenzen zwischen rechtlichem und soziologischem Verbrechensbegriff kommen kann, wenn, wie wir es erlebten, die sich der Gesetzgebung bedienende Staatsmacht zur Verfolgung ihrer politischen Zwecke selber verbrecherischen Charakter annimmt.

Es ist aber niemals beobachtet worden, daß aus der erwähnten logischen Unausgeglichenheit Schwierigkeiten für kriminologische Studien entstanden wären. Man ist daher wohl berechtigt, über diese wissenschaftstheoretischen Bedenken hinwegzugehen. Die Kriminologie darf unter normalen Verhältnissen unbefangen mit dem gesetzlichen Verbrechensbegriff, den sie als von der Rechtsordnung geformt vorfindet, und wobei sie unter Verbrechen jede strafbare Handlung von einigem Gewicht versteht, operieren, muß sich aber für gewisse Fälle die Möglichkeit vorbehalten, an der hier gegebenen Begriffsbestimmung zugunsten einer von ihr selber festzulegenden Abgrenzung Korrekturen vorzunehmen. Der festgestellte Konflikt mit der Rechtsordnung ist für die kriminologische Betrachtung immer der Ausgangspunkt. Er bildet gewissermaßen das Alarmsignal, das die Existenz der diese Wissenschaft beschäftigenden Lebenserscheinungen anzeigt. Von diesem Standort aus erschließen sich der Forschung Tiefendimensionen, die zu den Hintergründen und Auszweigungen des Kriminellen auf psychologischem, soziologischem und sonstigen Gebieten hinleiten. Man hat die Kriminologie als eine Summe „strafrechtlicher Hilfswissenschaften“ aufgefaßt und ihr somit den Charakter eines in sich geschlossenen Forschungsgebietes abgesprochen. Diese Ansicht verkennt aber die Einheitlichkeit und Identität des sie beschäftigenden Gegenstandes, der in der Spontaneität seiner Lebensäußerungen von einem Teilgebiet in das andere übergreift und in dem wir zugleich eine markante Grundgegebenheit der menschlichen Existenz zu erblicken haben. Aufgabe der Kriminologie aber ist bei aller Richtungsverschiedenheit der Methoden und Forschungswege, die sie einzuschlagen genötigt ist, letzten Endes eine aus der ganzen Fülle des Erfahrungsreichtums gespeiste Wesensschau und gedankliche Durchdringung des Verbrechens. Daß sie dabei die Hilfe der verschiedensten Fachgebiete in Anspruch nehmen muß, erschwert ihre Studien, da der Forscher, sei er nun Jurist, Mediziner, Psychologe, Polizeiwissenschaftler oder sonstiges, naturgemäß nicht in allem heimisch sein kann und auf die verständnisvolle und unentstellte Übernahme dessen, was ihm von anderen Wissenszweigen angeboten wird, angewiesen ist.

Das ihr wesentliche Zusammenwirken einer Reihe von Spezialwissenschaften gibt der Kriminologie eine eigenartige Struktur. Die herangezogenen Einzelwissenschaften fallen nicht als ganze in das kriminologische Gebiet herein. Auch so weit sie sich etwa ausschließlich mit dem Verbrechen beschäftigen, wie die Strafrechtswissenschaft, sind sie nicht in ihrer Totalität als Unterdisziplinen der kriminologischen Forschung zu betrachten, sondern diese wird nur die in ihnen enthaltenen Grundzüge und Ansatzpunkte, die für die Wesenszerlegung des Phänomens „Verbrechen“ von Bedeutung sind, heranzuziehen haben. Auf strafrechtlichem Gebiet würden dazu unter anderem fundamentale Begriffe des Allgemeinen Teils wie Vorbereitung, Versuch, Vollendung, Anstiftung, Beihilfe, Mittäterschaft, Notwehr, Notstand, Zwang, Irrtum, Vorsatz, Fahrlässigkeit, Tateinheit, Tatmehrheit gehören, die übrigens auch für eine Phänomenologie und Soziologie menschlichen Handelns und menschlicher Kooperation im allgemeinen Bedeutung haben. Aus dem Besonderen Teile des Strafrechts würde unter anderem die Lehre von den unter strafrechtlichen Schutz gestellten Rechtsgütern eine Rolle spielen. Wenn in dieser Schrift auf diese Themen nicht näher eingegangen wird, so beruht dies auf äußeren Gründen. Auch inwieweit man etwa Probleme des Strafvollzugs einbeziehen will, bleibt dem Ermessen überlassen. Die Kriminologie ist also eine Wissenschaft mit fließenden Grenzen. Der Zentralgesichtspunkt bleibt die Wesensschau des Verbrechens, und von hier aus wird Materie aus sonstigen Forschungsgebieten, deren primäres Interesse zum Teil in ganz andere Richtung weist, zugeleitet. Soweit man dabei die dem Verbrechensphänomen von sich aus fernstehenden Disziplinen, wie etwa Psychologie und Psychiatrie als Hilfswissenschaften bezeichnen will, handelt es sich doch nicht um Wissenszweige, die — wie etwa die Lehre von den optischen Instrumenten im Verhältnis zur Mikrobenlehre — nur als dienende Technik zu kennzeichnen wären, sondern sie kommen auf kriminologischem Gebiete ihrem Inhalte nach mit unmittelbarer Beziehung auf kriminelle Sachverhalte zu Wort. Sache des Kriminologen ist es, diese Entlehnungen aus Sonderwissenschaften immer stärker ineinander zu verarbeiten und von dem Kernpunkt seiner Aufgabe aus ein einheitliches Gebilde daraus zu gestalten. Selbst die Statistik behält den Charakter einer der kriminologischen Sache selbst ferner stehenden ausgesprochenen Hilfswissenschaft insofern nicht bei, als durch ihre Berührung mit der Kriminologie die Kriminalstatistik entsteht. Das

Übergreifen kriminologischer Forschung in die verschiedensten Wissensgebiete ist kein in der Richtung dillettantischer Bestrebungen gelegener Eklektizismus, sondern liegt in der Mehrschichtigkeit des Verbrechens begründet. Die Einzelgebiete, die von kriminologischem Interesse sind, lassen sich in weitgehendem Maße schon aus einer Wesenszerlegung des Verbrechensbegriffes ableiten. Aus der fast durchgängigen Heimlichkeit des Verbrechens, die aus seiner Gemeinschaftswidrigkeit resultiert, ergibt sich die Notwendigkeit der Aufklärungstaktik und der ihr dienenden Disziplinen. Der Unrechtsgehalt des Verbrechens und die dagegen einsetzende Reaktion der Rechtsordnung zeitigen in allen ihren Auswirkungen und Verzweigungen den Kampf zwischen Obrigkeit und Verbrecher, der es aber doch nicht ausschließt, daß der Täter strafbarer Handlungen auch als solcher in die alles umfassende Friedensordnung des Gemeinschaftskörpers einbezogen bleibt. Das Gebiet kriminalistischer Betätigung hält somit zwischen Bekämpfung und Fürsorge in eigenartiger Weise die Mitte. Der Umstand, daß es sich beim Verbrechen um menschliches Verhalten handelt, bringt die durchgängige Anwendbarkeit psychologischer Betrachtungsweise mit sich.

Eine beträchtliche Anzahl geistvoller und bedeutender Theorien sind namentlich im Laufe der letzten hundert Jahre an das Problem des Verbrechens herangetreten. Jede von ihnen hat sich mit dem von ihr in den Vordergrund gestellten Gesichtspunkten in der einen oder anderen Richtung um die Aufdeckung von Wahrheiten verdient gemacht. Alles in allem bilden sie eine imponierende Symphonie des Forschens und Denkens auf diesem der Nachtseite des Lebens zugekehrten Gebiete. Es ist ein paradoxer Zug unseres Daseins, daß kostbare Blüten geistigen Schaffens, die Höhepunkte intellektueller Wirksamkeit darstellen, Abgründe von Verkommenheit und Elend zur Voraussetzung haben.

Wenn daher bei kriminologischen Studien das fesselnde Getriebe scharfsinniger Gedanken und feiner Beobachtungen an uns vorüberzieht, oder wir uns dem faszinierenden Interesse besonderer Kriminalfälle hingeben, so ist dabei niemals zu vergessen, daß die Grundlage allenthalben von der Tragik gebildet wird, wie sie in dem dieser Schrift als Motto vorangestellten Verse zum Ausdruck kommt.

Durch seine Beziehung zu Recht und Strafgesetz ist das Verbrechen der Kulturordnung und den sie tragenden und fortgesetzt abwandelnden geistigen Strömungen eingefügt. Aber diese Berührung der dem Kriminellen zugrundeliegenden Lebenserscheinungen mit den Rechtsnormen ist verneinender Natur. Sie besteht in einem Konflikt. Das Verbrechen ist eine Kulturerscheinung mit negativem Vorzeichen.

Alle großen sozialen Phänomene werden vom Geiste der Zeit, von der ihr zugrundeliegenden Idee geformt. Dies gilt letzten Endes auch vom Verbrechen. In Anlehnung an Hegels Ausspruch, die Philosophie sei „ihre Zeit in Gedanken gefaßt", könnte man sagen, daß das Verbrechen den sozialen und kulturellen Gehalt seiner Zeit, in moralische Verirrungen und Katastrophen gefaßt, zur Darstellung bringe. Der Ideengehalt der Epoche ist aber im Verbrechen nicht, wie es wohl bei den eigentlichen Kulturerscheinungen der Fall ist, in geschlossenem, zu einem Ganzen gegliederten Aufbau wiederzufinden, sondern in zersplitternden Einzelfällen, die zunächst einmal beziehungslos nebeneinander stehen und aus denen erst die große Linie der sozialen Hintergründe und das Gefüge der den Strafgesetzen zugrunde liegenden Rechtsgedanken den Zusammenhang mit der Struktur des Zeitgeistes und dem System der geltenden Kulturwerte herstellt. Schon der mittelalterliche Denker Thomas von Aquino hat gesagt, daß das Böse nicht verübt werde im Streben von der Vielheit zur Einheit, wie es bei der Ausübung der Tugenden der Fall ist, die unter sich einen Zusammenhang bilden, sondern vielmehr im Zurückweichen von der Einheit zur Vielheit, weil die Güter, die auf unrechtmäßige Weise begehrt werden können, zahlreich sind, und ohne vereinheitlichende Beziehungen nebeneinander stehen. Nichtsdestoweniger ist die Verbundenheit des Kriminellen mit der Idee des Zeitgeistes gegeben. Wie — nach einer Formulierung Eduard Sprangers — der Mensch überhaupt, so findet auch der Verbrecher als seine Entwicklungsbedingung eine ganz bestimmte Kulturgesellschaft vor, deren individuelle Züge er in seinen Anlagen schon irgendwie vorgebildet in sich trägt. Diese Erwägungen legen den Gedanken einer sich über die Jahrhunderte erstreckenden Geschichte des Verbrechens, die meines Wissens noch nicht geschrieben ist, nahe. Sie würde nicht nur die Grundlagen kriminologischer Forschung bereichern, sondern wahrscheinlich auch manchen neuen Einblick in Wirkungsweise und Kräftespiel menschlicher Daseinsabwandlungen erschließen.

Kriminologisch gewonnene Einsichten sind oft geeignet, einer sich mit den Grundlagen menschlicher Existenz beschäftigenden Betrachtungsweise gewissermaßen als Material zu dienen. Dies gilt zunächst auf psychologischem Gebiete, aber auch darüber hinaus werden gewisse existenzphilosophische Einsichten zutage gefördert. Was der Kriminologe zum Beispiel über das Zusammenwirken von angeborener Veranlagung und Umwelt lehrt, gilt für jeden Menschen. Anlage und Milieu bilden die Grundlage für Persönlichkeit und Verhalten, aber sie sind letzten Endes nicht scharf zu trennen. Denn der Mensch und insbesondere der Verbrecher trägt bewußt und vor allem auch unbewußt die Tendenz in sich, das seinem Charakter entsprechende Milieu in jeder Lebenslage aufzusuchen oder um sich zu schaffen. Die Kriminologie spricht hier von „Milieuprovokation". Sind daher die kriminologischen Forschungsergebnisse zum Teil Erkenntnisse, die sich auf die Zusammenhänge menschlichen Lebens überhaupt beziehen, so ist ihr spezieller Blickpunkt doch auf jene Kriterien gerichtet, die den Verbrecher vom sozial einwandfreien Menschen unterscheiden. Die Ansatzpunkte, die darauf abzielen, bei der Z e r g l i e d e r u n g der diesbezüglichen Zusammenhänge, wie Plato sich ausdrückt, die „Gelenke" zu treffen, sind zahlreich und werden den verschiedensten Gebieten entnommen.

III.

Geisteskrankheiten und psychopathische Zustände.

A. Geisteskrankheiten.

Auf die augenfällige Analogie zwischen Verbrechen und Krankheit ist von jeher hingewiesen worden. Beides sind Erscheinungen, die mit objektivem, aller Meinungsverschiedenheit entrücktem Unwert behaftet sind, und diese Wertwidrigkeit ist bei beiden in Abweichungen von der Richtschnur des Normalen zu finden. Im biologischen Organismus wie im sozialen Gemeinschaftskörper sind gewisse zweckstrebige Tendenzen wirksam, die auf normgemäße Gestaltung abzielen. Im Biologischen sind diese Wirkkräfte, die es etwa herbeiführen, daß die Organe des Menschen sich so entwickeln und in dem Zustande verharren, der dem nach Art einer Idee vorschwebenden Urbilde der Gattung Mensch entspricht, seit Aristoteles unter der Bezeichnung Entelechie bekannt, und im Gemeinschaftskörper wird in entsprechender Weise eine den objektiven Zwecken des sozialen Organismus Genüge tuende Gestaltung durch die Rechtsordnung reguliert.

Auf beiden Gebieten aber sind Verfallserscheinungen vorhanden, die diesen Prinzipien Abbruch tun: Im Organischen die Krankheit, im Soziologischen das Verbrechen. Und in einem dritten Bereiche, dem Psychischen, begegnen wir ebenfalls dem Begriff der Erkrankung als Abweichung von der Norm. Hier wächst das Pathologische in weitem Umfange aus Verfallserscheinungen im Körperlich-Organischen hervor.

Nach diesen begrifflichen Erwägungen gewinnt es besonderes Interesse, daß gerade Verbrechen und Geisteskrankheit in der Wirklichkeit zueinander in enge Beziehung treten. Der Geisteskranke begeht infolge seiner mangelnden sozialen und moralischen Orientierung Handlungen, die sich ihrer äußeren Erscheinungsform nach als Verbrechen darstellen. Aber gerade weil diese Akte auf Geisteskrankheit beruhen, gelten sie wegen Unzurechnungsfähigkeit des Täters nicht als Verbrechen. Der Sachverhalt nimmt hier in gewissem Sinne dialektischen Charakter an.

Der auch dem Nichtjuristen sogar seiner Zahl nach bekannte § 51 des deutschen Strafgesetzbuches bestimmt:

Eine strafbare Handlung ist nicht vorhanden, wenn der Täter zur Zeit der Tat wegen Bewußtseinsstörung, wegen krankhafter Störung der Geistestätigkeit oder wegen Geistesschwäche unfähig ist, das Unerlaubte der Tat einzusehen oder nach dieser Einsicht zu handeln.

War die Fähigkeit, das Unerlaubte der Tat einzusehen oder nach dieser Einsicht zu handeln, zur Zeit der Tat aus einem dieser Gründe erheblich vermindert, so kann die Strafe nach den Vorschriften über die Bestrafung des Versuchs gemildert werden.

Nach § 42b hat, wenn jemand eine mit Strafe bedrohte Handlung im Zustande der Unzurechnungsfähigkeit oder der verminderten Zurechnungsfähigkeit begangen hat, das Strafgericht seine Unterbringung in einer Heil- oder Pflegeanstalt anzuordnen, wenn die öffentliche Sicherheit dies erfordert.

In Strafrechtsfällen mit zweifelhafter Zurechnungsfähigkeit sind gewissermaßen zwei Diagnosen zu stellen: erstens die juristische wie in jedem anderen Strafrechtsfall, die besagt, wie die Handlung des Täters, abgesehen von der Frage der Zurechnungsfähigkeit, rechtlich zu beurteilen wäre, und zweitens die psychiatrische, die ihm im System der Psychosen oder psychopathischen Zustände seine Stelle anweist. Die Entscheidung über die Zurechnungsfähigkeit ist dann das dritte Thema, das die beiden Diagnosen durch Bejahung oder Verneinung zueinander in Beziehung setzt. Bei der Zurechnungsfähigkeit sind entsprechend dem Wortlaute des Gesetzes wieder die Einsichtsfähigkeit und die Willensbestimmungsfähigkeit zu unterscheiden. Beide beeinflussen sich aber gegenseitig stark. Ferner differenziert das Gesetz Bewußtseinsstörungen, krankhafte Störung der Geistestätigkeit und Geistesschwäche. Bewußtseinsstörungen sind nach Hoche diejenigen, auf den mannigfaltigsten Grundlagen, insbesondere Dämmerzuständen, Schlaftrunkenheit, Somnambulismus, Hypnose, höchster Übermüdung, hochgradiger (nicht nur sinnloser) Trunkenheit, Gipfelpunkten seelischer Erregung beruhenden psychischen Verfassungen, in denen beim Täter die krankhafte Geistesveränderung hinter dem Mangel an Bewußtsein von der eigenen Persönlichkeit stark zurücktritt oder gänzlich fehlt. Die Tat ist in solchen Fällen diesem im psychiatrischen Sinne verstandenen „Selbstbewußtsein" ferngeblieben.

Geistesschwäche unterscheidet sich von der krankhaften Störung der Geistestätigkeit nicht der Art, sondern dem Grade nach. Es sollen Fälle erfaßt werden, in denen vielleicht für den Nichtmediziner die Krankhaftigkeit zweifelhaft sein kann, die aber der Psychiater zu den krankhaften Störungen rechnet. Geistesschwäche kann sich auch, ohne die Intelligenz zu berühren, auf das Gefühlsleben und den Willen beschränken.

Die Entscheidung der Zurechnungsfähigkeitsfrage bringt für den Richter die Aufgabe mit sich, juristische und psychiatrische Begriffe, die zufolge ihrer verschiedenen Herkunft von anderen Gesichtspunkten ausgehen, im einzelnen Falle miteinander in Einklang zu bringen. In manchen Fällen beantwortet sich mit der psychiatrischen Qualifizierung die Frage der Zurechnungsfähigkeit schon ganz von selbst, während bei anderen, die an einer der beiden Grenzen (zwischen Unzurechnungsfähigkeit und verminderter Zurechnungsfähigkeit und voller Zurechnungsfähigkeit) gelegen sind, die Entscheidung, welcher der drei Kategorien sie zugeteilt werden, letzten Endes dem pflichtgemäßen Ermessen des psychiatrischen Sachverständigen und des Richters überlassen bleibt. Grundsätzlich hat der Richter, nicht der Sachverständige, zu entscheiden. In der Praxis ist jedoch die Lage fast ausnahmslos so, daß das Sachverständigengutachten, das der Richter mangels eigener psychiatrischer Fachbildung zugrundelegt, den Ausschlag gibt. Der Bereich geistiger Erkrankungen bietet einen verwirrenden Reichtum von Formen dar, der dem Laien die Orientierung sehr erschwert. Meinungsverschiedenheiten der Fachkreise und Zweifelsfragen beeinträchtigen, die Sicherheit der Grundlagen, und überdies sind die Erkenntnisse auch zeitlich in raschem Flusse begriffen. Immerhin lassen sich gewisse Richtlinien von unangefochtener Gültigkeit herausarbeiten.

Man hat erfolgreich versucht, eine beschränkte Anzahl sogenannter echter Geisteskrankheiten, der Psychosen im strengen Sinne des Wortes, festzulegen. Diese haben Veränderungen im Gehirn, die entweder in Organenerkrankungen oder Einwirkungen von Körpergiften bestehen, zur Voraussetzung. Sie wirken nach Art von Einflüssen, die als etwas Fremdes in das Seelenleben eingedrungen sind, und setzen die normalen psychischen Gesetzlichkeiten und Verläufe außer Kurs. Sie erscheinen, nachdem sie sich herausgebildet haben, wie etwas dem Charakter und der Persönlichkeit des Patienten Aufgepfropftes, den Inhalt des Bewußtseins gewaltsam veränderndes. Als Beispiele werden angeführt: die progressive Paralyse, die unter Einwirkung syphilitischer Gifte entsteht, geistesstörende Gehirngeschwülste, Altersschwachsinn, der auf greisenhafter Gehirnverkalkung beruht.

Als weitere Gruppe treten die sogenannten funktionellen Psychosen hinzu. Sie wurden so genannt, weil man bei ihnen keine körperlichen Vorgänge als Ursache nachweisen konnte, sondern nur das abweichende Funktionieren der geistigen Faktoren beobachtete.

Sie stellen sich aber wie die „echten" Psychosen als weitgehende seelische Veränderungen dar und können schwerster Art sein. Über die Zuteilung einzelner Krankheitsformen zu den echten oder funktionellen Psychosen sind die Fachkreise teilweise verschiedener Meinung.

Die funktionellen Psychosen sind mit der normalen Seelenverfassung durch eine Reihe fließender Übergänge verbunden, so daß man unter ihnen auch Fälle findet, die nur unmerklich vom Normalen abweichen, dann schwerere und so gewissermaßen fließend bis zu den schwersten. Aus dieser Erscheinung der fließenden Übergänge hat man vielfach gemeint, schließen zu müssen, daß diese Veränderungen unmöglich durch körperlich bedingte Einwirkungen auf die Unversehrtheit des Gehirns verursacht sein können. Sie stehen zum Charakter des Patienten grundsätzlich nicht in so schroffem Gegensatz wie die genannten echten Psychosen. Sie wachsen vielmehr aus dessen geistiger Persönlichkeit heraus. Eine absolut scharfe Grenze zwischen den beiden Gruppen von Erkrankungen ist aber nicht festzulegen.

Von Bedeutung für das Entstehen dieser funktionellen Psychosen sollen gewisse Beeinträchtigungen der inneren Sekretion sein. Das Seelenleben wird in seinen Gefühlen, Empfindungen, Erregungen und seiner Leistungsfähigkeit weitgehend durch Ergüsse innerer Drüsen, wie der Schilddrüse, der Keimdrüse und anderer beeinflußt. Sonach würden also insoweit auch den funktionellen Psychosen körperliche Vorgänge zugrunde liegen, wenn es auch keine so gewaltsam sich geltend machenden Gehirnbeeinträchtigungen sind wie bei den echten. Übrigens sollen einzelne Geisteskrankheiten, an deren Ende man organische Gehirnveränderungen konstatieren kann, am Anfang durch innersekretorische Störungen — die ihrerseits wieder mit dem Aufbau der körperlichen und seelischen Konstitution des Menschen zusammenhängen, ausgelöst sein. Dadurch aber würde, wie man hervorgehoben hat, möglicherweise eine Beziehung dieser Krankheiten zu funktionellen Psychosen, wie dem manisch-depressiven Irresein (siehe unten Seite 32) gegeben sein, die den strengen Unterschied zwischen organisch und funktionell problematisch erscheinen ließe. Auch am Ende der als unzweifelhaft funktionelle Psychose angesehenen Schizophrenie sind organische Gehirnveränderungen zu konstatieren.

Sind die funktionellen Psychosen auf die blutchemischen Einwirkungen der veränderten inneren Sekretion zurückzuführen, so würden sie dadurch den auf Gehirngiften beruhenden sogenannten toxischen Geisteskrankheiten angenähert, und diese hätten dann ihre Stellung zwischen den funktionellen und den durch organische Gehirnveränderungen bewirkten Psychosen.

Die Annahme, daß allem Seelischen irgendwie körperliche Vorgänge im Gehirn zugeordnet sein müßten, hat zum mindesten als vorausgesetzter Leitsatz, als Arbeitshypothese für die psychiatrische Forschung durchgehende Bedeutung, wenn auch beim gegenwärtigen Wissenschaftsstande sein Nachweis nicht überall erbracht sein mag.

Wenn gesagt ist, daß die echten Psychosen im Gegensatz zu den funktionellen persönlichkeitsfremd wirken, so soll auch dies nur cum grano salis, also unter einschränkenden Vorbehalten, gelten; denn auch bei ihnen ist für die Art des Auftretens der Krankheit immer der Charakter und die psychische Verfassung des Kranken mit von Bedeutung. Auch seelische Erlebnisse und Umwelteinflüsse bestimmen das Auftreten und den Ablauf der Psychose.

Am schwersten ist an dem Prinzip der Aufsuchung körperlich krankhafter Zustände als Ursachen geistiger Erkrankungen in den Fällen der Paranoia, des chronisch-systematisierten Verfolgungswahnsinns festzuhalten.

Der Wahn entwickelt sich hier konsequent aus dem Charakter heraus, nimmt aber dann gigantische Formen an. Es bildet sich ein scharf umrissener, das Seelenleben des Patienten nach ständigem Wachstum seiner Intensität schließlich völlig beherrschender Wahn heraus, in dessen Dienst der Kranke — oft unter Aufbietung großen Scharfsinns und hervorragender Willensstärke, zu der überhaupt Geisteskranke vielfach fähig sind — alle seine Lebensäußerungen zu stellen bereit ist. Es sind hier ganz unmerkliche Übergänge aus der Richtung des Normalen her vorhanden. Die Wahnideen der Paranoetiker sind sehr logisch und folgerichtig. Auf sie speziell ist der Shakespeare-Vers aus Hamlet anwendbar: „Ist es gleich Wahnsinn, hat es doch Methode."

Grenzfälle nach der Seite des Normalen oder bloß Psychopathischen finden wir bei vielen Querulanten, die sich dauernd benachteiligt fühlen und den Behörden durch Beschwerden viel zu schaffen machen. Es kommen aber auch schwerste Erscheinungsformen vor. Bekannt und in der psychiatrischen Literatur als einer der seltenen Fälle echter Paranoia viel besprochen ist der Fall des Hauptlehrers Wagner in einem Orte bei Stuttgart. Wagner begann kurz vor dem ersten Weltkriege auf die von ihm unterrichtete Mädchenklasse zu schießen und tötete zahlreiche Kinder. Das Hauptmotiv war jahrzehntelange eingebildete Verfolgung. Den Mordplan hatte er schon sehr lange erwogen. Der Keim der Wahnbildung soll in einem berechtigten Schuldgefühl zu suchen gewesen sein.

Neuere Richtungen der Psychiatrie neigen dazu, die Paranoia als besondere Krankheit aufzugeben.

Bei der Beurteilung verschiedener Arten geistiger Erkrankungen und ihrer Ursachen ergeben sich allenthalben schwierige und komplizierte Zweifelsfragen. Viel Unsicherheit wird dadurch erregt, daß der Begriff der „Einheit" der Krankheit oft problematisch wird. So hat man sich überzeugt, daß „die" Schizophrenie und die „echte Epilepsie" überhaupt keine eigentlichen Krankheitseinheiten darbieten, sondern sich jede dieser beiden „Krankheiten" aus Psychosen zusammensetzt, die in ihren Erscheinungsformen ähnlich, in ihren Ursachen aber verschieden sind. Beeinträchtigungsideen und Schuldgefühlswahn erscheinen bei organischen Psychosen, die auf den verschiedensten Ursachen beruhen. Es ist also oft die Gefahr vorhanden, daß heterogene (ihrem Wesen nach verschiedenartige) Krankheiten auf Grund der Ähnlichkeit von Symptomen vereint werden.

Psychiatrische Begriffe, die in der strafgerichtlichen Praxis eine Rolle spielen, sind die folgenden:

S c h i z o p h r e n i e ist der Name für eine Reihe von Geisteskrankheiten, die ungefähr dieselben Krankheitsbilder aufweisen. Für sie alle ist, wie schon die Bezeichnung Schizophrenie, die Spaltsinnigkeit bedeutet, besagt, eine Spaltung der Persönlichkeit, eine Dublizität oder Mehrfältigkeit des Bewußtseins, eine Art inneren Doppellebens charakteristisch. Es finden sich durchaus widersprechende Vorstellungen nebeneinander, ohne daß den Kranken dies stört, und das Gefühlsleben kann zu dem intellektuellen Bewußtseinsinhalt in krassem Gegensatz stehen.

Progressive Paralyse ist stets eine Spätfolge unvollkommen geheilter Syphilis. Durch Fieberbehandlung können, obwohl die bereits zerstörten Gehirnteile nicht wiederherstellbar sind, weitgehende Besserungen (Remissionen) eintreten, die für die Zurechnungsfrage oft besondere Schwierigkeiten bieten. An den Erkrankten sind in der Regel zunächst Energielosigkeit, Minderung der Merkfähigkeit, der Arbeitsleistung, ferner Niedergeschlagenheit und Hypochondrie wahrzunehmen, so daß sie oft erst für Neurastheniker gehalten werden. Später pflegen sich besonders Größenideen einzustellen, die mit äußerster Kritiklosigkeit verbunden sind. Das Frühstadium dieser Krankheit bildet insofern eine soziale Gefahr, weil die Patienten trotz der allmählich sich entwickelnden Symptome oft noch staunenswert lange in verantwortlichen Stellungen bleiben, bis man den wahren Charakter erkannt hat.

Epilepsie ist eine mit Krampfanfällen und Bewußtlosigkeit einhergehende Gehirnkrankheit. An die Anfälle schließen sich mitunter Dämmerzustände an, die Wochen oder Tage dauern. In solchen Zuständen können die Kranken Handlungen begehen, von denen sie dann nichts wissen. Charakteristisch sind Brandstiftungen und Sittlichkeitsverbrechen. Dem epileptischen Anfall pflegen Schädigungen des Gehirns zugrunde zu liegen. So sind anfallauslösend Vergiftungen, Sekretionsstörungen, Stoffwechselkrankheiten, Körpergifte, Hirndruck, Blutungen, Narben, Paralyse. Bei den Kranken findet sich gesteigerte Akoholempfindlichkeit. Charakterveränderungen treten bei Epileptikern oft ein. Sie werden umständlich, pedantisch, frömmelnd, und neigen mitunter zu Verstimmungen mit Zornanwandlungen und Mißtrauen.

Obwohl der epileptische Anfall die verschiedensten Ursachen haben kann, glaubt man doch auch eine „echte" (konstitutionelle) Epilepsie als Krankheit eigener Prägung feststellen zu können. Aber auch bei dieser sind letzten Endes meistens Gehirnschädigungen zu konstatieren. Für den epileptischen Krampfanfall sind, im Gegensatz zu dem auf Hysterie beruhenden, Schaum vor dem Munde, Zungenbeißen und vor dem Anfall Kopfschmerzen kennzeichnend.

Manisch-depressives Irresein ist eine Geisteskrankheit, bei der manische und depressive Perioden, also abwechselnde Zustände von gehobener Stimmung und Niedergeschlagenheit, einander folgen. In besonderen Fällen kann sich die Krankheit auch auf manische Erscheinungen beschränken. Der manische Symptomkomplex, der übrigens auch bei der progressiven Paralyse zu beobachten ist, besteht in einer Art Nivellierung der Vorstellungen, so daß die Bewertungsunterschiede sich verflüchtigen und dem Kranken alles von nahezu gleicher Wichtigkeit erscheint. Die Wirkungen der leitenden moralischen und sonstigen Prinzipien (Anstand, Ehrlichkeit, Scham) lassen nach. Ideenflucht, durch äußere Umstände nicht gerechtfertigtes Wohlbehagen, Unstetigkeit im Handeln, Fortfall von Bedenken und Hemmungen, Selbstzufriedenheit sind charakteristisch.

Hysterie ist ein zusammenfassender Begriff für eine Reihe von Krankheitsbildern, die als hysterische Reaktionen bezeichnet werden. Eine einheitliche Krankheit bilden sie wahrscheinlich nicht. Die hysterischen Reaktionen sind mit dem oft unbewußten Wunsche des Patienten verbunden, von seiner Umgebung für krank und unglücklich gehalten zu werden. Es setzen sich unter dem Einflusse dieser Tendenz Erinnerungstäuschungen fest, die auf Selbstsuggestion beruhen. An körperlichen Symptomen kann alles vorkommen, was dem Leidensdrange des Hysterikers bewußt oder unbewußt geeignet und tragbar erscheint. Schmerz, Lähmung, Blindheit und Taubheit bei gesunden Organen, Zuckungen, Schmerzunempfindlichkeit, Schreianfälle, Krämpfe und Gliederverrenkungen. Das Verhalten des Hysterikers weist theatralische Züge auf. Die Symptome sind aber für ihn wirklich vorhanden. Er empfindet sie als real und leidet wirklich an ihnen. Dadurch unterscheidet sich die Hysterie von der Simulation, der bewußt betrügerischen Vorschützung von Leiden, die ja übrigens auch bei der Diagnose der geistigen Erkrankungen eine Rolle spielt, auf diesem Gebiete aber gegenüber den Untersuchungsmethoden moderner Psychiatrie fast unmöglich, zum mindesten außerordentlich schwierig ist. Hysterisch reagieren kann natürlich auch ein Kranker, der wirklich mit einem organischen Leiden behaftet ist.

Die hysterischen Reaktionen werden auch als Neurosen bezeichnet. Dieser Begriff spielt namentlich bei den noch zu besprechenden psychopathischen Leiden eine Rolle. Es sind nervöse Zustände, bei denen kein krankhafter anatomischer Befund festzustellen ist. Bei Konzentration auf ein bestimmtes Organ spricht man von Organneurose. Das neurotische Symptom besteht entweder aus physiologisch unzweckmäßigen, sinnlosen Innervationen und Ausfallserscheinungen oder aus psychologisch unsinnigen, unbegründet erscheinenden seelischen Reaktionen. Zu diesen gehören Angstzustände, Hemmungen, Zwangsimpulse, Selbstanschuldigungen, Stimmungsexzesse.

Als die künstliche Herbeiführung einer vorübergehenden Geistesstörung kann man die Hypnose bezeichnen. Wenn ihre Beziehung zum Verbrechen hier besprochen wird, so geschieht es nicht, weil sie etwa in der kriminalistischen Praxis mengenmäßig eine bemerkenswerte Rolle spielte. Die einschlägigen Fälle sind vielmehr äußerst selten. Aber sie sind für die Einsicht in den Umkreis krimineller Möglichkeiten, für die universale Wesenserfassung der Ursächlichkeiten und Auswirkungen des Verbrechens von Bedeutung und erweitern die Grenzen unseres wissenschaftlichen Horizonts. Besondere Beachtung hat der den Gegenstand des Heidelberger Hypnoseprozesses bildende Fall Walter, der sich in den Jahren 1927 bis 1934 ereignete, gefunden. Ein „Heilkundiger", der sich als Arzt ausgab, machte für sieben Jahre eine anständige junge Frau durch hypnotische Einwirkung zu seinem willenlosen Werkzeug, mißbrauchte sie geschlechtlich, zwang sie, sich anderen Männern hinzugeben und Giftmordversuche gegen den

Ehemann, mit dem sie in glücklicher Ehe gelebt hatte, zu verüben. Dieses Verbrechen ist von Dr. Ludwig Mayer, der als Sachverständiger mitgewirkt hat, in seinem Buche „Das Verbrechen in Hypnose“ (1937) zum Anlaß einer umfassenden Studie gemacht worden, der wir in der nachstehenden Darstellung folgen: Die Hypnoselehre geht von der Unterstellung aus, daß jeder Eindruck vom Gehirn als Engramm (Einprägung) aufgenommen und verwahrt wird. Diese Einprägungen, die für das individuelle Erleben, Fühlen und Empfinden grundlegend sind, können im hypnotischen Dämmerzustand durch Einwirkungen des Unterbewußtseins völlig verändert werden. Hypnose ist gesteigerte Suggestibilität mit bestimmten Symptomgruppen und setzt genaueste Einfühlung in die Seelenlage voraus. Vorbereitet wird sie durch seelische Reizwirkungen mit Hilfe bestimmter Sinneswahrnehmungen (Fixierung glänzender Gegenstände, Bestreichung). Die übliche Methode besteht im Fixieren des Patienten und Einsprechen auf ihn. Ein gewisses Vertrauen der Versuchsperson ist Voraussetzung. Auch ein larviertes Verfahren ist möglich. Ein für den Träger wie auch für seine Umgebung unbegreifliches Etwas herrscht dann vor, das den sonst normalen Menschen zu einem anderen, ihm selbst fremden Wesen umgestaltet. Die Hypnotisierung durchläuft verschiedene Stadien, die fließend ineinander übergehen. Zu beachten ist die Unterscheidung zwischen leichter und tiefer Hypnose. Beeinträchtigung von Funktionen des Muskelsystems, Schmerzunempfindlichkeit, psychische Erblindung, Gehörsensationen und anderes sind Symptome, die eintreten können. Im Wege der Nachhypnose (Posthypnose) können Suggestionswirkungen, die das Merkmal absoluten psychischen Zwanges tragen, auch für die Zeit über den eigentlichen hypnotischen Zustand hinaus erzielt werden. Sie sind durch psychoanalytische Behandlung lösbar. (Über Psychoanalyse vgl. unten Seite 43). Der Zustand der Nachhypnose kann auch dadurch herbeigeführt werden, daß nachträglich ein Wort, eine Zahl, eine Zeitangabe, ein Zeichen oder sonst eine Beauftragung, auf die der Hypnotiseur bei dem hypnotisierenden

Einsprechen Bezug genommen hatte, an die Stelle der persönlichen suggestiven Einwirkung tritt. („Wenn es zwölf schlägt, — oder wenn du das Wort „Bahnhof" hörst — sollst du auf den Marktplatz gehen und dich dort nackt ausziehen.") Diese Bezugnahme auf Zeichen muß für das normalpsychologische Verständnis besonders erstaunlich erscheinen; sie erinnert an eine Stelle der Summa Theologiae des mittelalterlichen Scholastikers Thomas von Aquino (2/2 XCVI, 1), wo von Inschriften, Riten, Gesängen usw. als auslösendes Zeichen für das Eingreifen böser Dämonen die Rede ist.

Durch Hypnose kann Erinnerungslosigkeit (Amnesie) für bestimmte Tatsachenkomplexe in weitem, aber stets abgegrenztem Maße herbeigeführt werden. Andererseits kann man vergessene Komplexe durch Hypnose aus dem Unterbewußtsein heraufholen. Spaltungen des Persönlichkeitsbewußtseins, wie sie bei der Schizophrenie vorkommen, können hypnotisch herbeigeführt werden. Sie können sich bis zur Unkenntnis der eigenen Persönlichkeit steigern. Der verbrecherische Hypnotiseur kann hypnotische „Sperren" setzen, durch die der Patient für nachfolgende, der Aufklärung des Kriminalfalles und der Lösung der hypnotischen Wirkungen dienende Hypnosen bis zu einem gewissen Grade unzugänglich gemacht wird. Diese Sperren müssen dann vom Arzt hypnotisch beseitigt werden. Die „Vernebelungstaktik", die der Verbrecher mittels Hypnose anwenden kann, ist so vielseitig, wie sie sich die Phantasie nur eben vorstellen kann. Es hat demgegenüber eine besondere „Dessuggestionstechnik" einzusetzen.

Kriminologisch ist zu unterscheiden, ob der Hypnotiseur den Patienten durch Hypnose zur Herbeiführung eines verbrecherischen Tatbestandes zwingt oder ob die Hypnose nur dazu dienen soll, daß er gegenüber dem Hypnotisierten selbst ein Verbrechen (z. B. Sittlichkeits- oder Eigentumsdelikt) verüben kann.

Künstliche Störungen normalen seelischen Funktionierens werden auch durch die Einwirkung des A l k o h o l s und der R a u s c h g i f t e hervorgerufen. Zu unterscheiden ist die vorübergehende Alkoholvergiftung und der chronische Alkoholismus. Jene führt zu Kurzschlußhandlungen. Die psychische Verarbeitung wird verhindert, die Beantwortung des Reizes erfolgt vorzeitig. Die Beurteilung des Verstandes setzt erst später ein. Hemmungsvorstellungen werden aufgehoben. Das geistige Funktionieren ist zunächst erleichtert. Das Selbstgefühl wird gehoben. Rede- und Bewegungsdrang werden gesteigert. Erregungs- und Lähmungsstadien können einsetzen. Bei chronischem Alkoholismus tritt eine Zerrüttung der ethischen Persönlichkeit ein. Neigung zur Unehrlichkeit zeigt sich oft. Charakteristisch ist der Eifersuchtswahn der Säufer, der zu Bluttaten führen kann.

Unter den Rauschgiften spielen bei uns Morphium und Kokain die Hauptrolle. In der Nachzeit des ersten Weltkrieges war die Morphiumsucht verbreitet. Krankenschwestern, Ärzte, Flieger, Verwundete unterlagen diesem Laster besonders. Kriminologisch sind die Rezeptfälschungen zu nennen, aber auch andere Straftaten stellen sich zufolge der Zerrüttung der moralischen Persönlichkeit ein. Apotheker nahmen unerlaubte Schiebungen und Verabreichungen vor. Nach dem zweiten Weltkriege hat man wohl wegen Mangels an Ware von einem Hervortreten der Rauschgiftsucht bisher nichts gehört, obwohl die seelischen Voraussetzungen ebenfalls gegeben gewesen sein dürften. Beim Kokainismus ist der innere Zwang zur Fortsetzung des Lasters nicht so unwiderstehlich wie beim Morphium. Die Entziehungskuren sind daher wesentlich leichter. Der Kokainismus führt aber schon bald zu akuten Psychosen mit Sinnestäuschungen.

B. Psychopathische Zustände.

Das Zwischengebiet der Geisteskrankheiten und des normalen (gesunden) Seelenlebens bildet das Bereich der Psychopathien. Ohne an einer Geisteskrankheit zu leiden, unterscheidet sich der Psychopath in seiner psychischen Struktur wesentlich vom Normalen. Die Psychopathie beruht in den meisten Fällen auf einer nicht durch Krankheit erworbenen, sondern von vornherein vorhanden gewesenen besonderen Veranlagung. Man hat die Psychopathen definiert als Personen, die an ihrer Abnormität leiden oder an deren Abnormität die Gesellschaft leidet. Auch Persönlichkeiten, die man als Ganzes genommen nicht als Psychopathen bezeichnen kann, können einzelne psychopathische Züge aufweisen. Diese können durch andere, starke Seiten der Persönlichkeit ausgeglichen werden. Ja sie können sogar den Anreiz bilden, daß diese Person, um ihre Schwäche zu kompensieren, sich auf anderen Gebieten besonders erfolgreich entwickelt. Den seelischen Mechanismus der Kompensation von Minderwertigkeitsgefühlen werden wir noch bei der Besprechung der als „Individualpsychologie" bekannten Lehre Alfred Adlers (Seite 46) zu behandeln haben.

Im Gegensatz zu den eigentlichen Geisteskrankheiten, deren es eine begrenzte und trotz ständiger wissenschaftlicher Fortschritte und Berichtigungen immerhin bis zu einem gewissen Grade geschlossene Anzahl gibt, sind Psychopathien in unübersehbaren Arten und Nuancierungen vorhanden, so daß sich für sie niemals ein endgültiges und befriedigendes System wird finden lassen.

Trotzdem hat man nicht völlig erfolglos versucht, Typen psychopathisch veranlagter Persönlichkeiten aufzustellen. Das Beispiel einer Typologie, die sich darauf beschränkt, gewisse Grundeigenschaften aneinander zu reihen, ist die folgende Einteilung: 1. Psychopathen mit heiterer (manischer) Grundstimmung. 2. Psychopathen mit niedergeschlagener (depressiver) Stimmung. 3. Die selbstunsicheren, überempfindlichen Psychopathen. Bei ihnen sind oft Zwangshandlungen zu beobachten. Eine Zwangshandlung ist eine an sich weder angenehme, noch nützliche, noch sonst irgendwie sinnvolle Handlung, die der psychopathische Mensch — und wer wäre nicht in irgendwelcher Hinsicht psychopathisch? — aus dunklen, ihm selbst nicht verständlichen Trieben heraus zu tun sich innerlich genötigt fühlt. Zum Teil stehen solche Zwangshandlungen wohl dem Aberglauben nahe, — so wenn jemand, um ein befürchtetes Unglück zu verhüten, dreimal auf den Tisch klopft. 4. Die fanatischen Psychopathen. Diesen Typus haben wir auf politischem Gebiet zur Genüge kennengelernt. 5. Psychopathen, die unbegründeten Stimmungsumschwüngen ausgesetzt sind. 6. Die zu Zornausbrüchen neigenden, explosiblen Psychopathen. 7. Die gemütlosen Psychopathen. Die Frage, ob die moral insanity (die „moralische Erkrankung"), die bei sonstiger Intaktheit der Persönlichkeit jede Zugänglichkeit für irgendwelche moralischen Gesichtspunkte und Regungen des Gewissens vermissen läßt, zu den psychiatrisch zu beurteilenden Zuständen gehört, ist Gegenstand besonderer Erörterung gewesen. Die Geneigtheit, bei solchen Erscheinungen die volle Zurechnungsfähigkeit zu verneinen, dürfte nur in ganz besonders gelagerten Fällen, etwa für manche Jugendlichen, vorhanden sein. Denn obwohl beim Verbrecher Schuldgefühle eine große Rolle spielen, so bilden doch Fälle von moral insanity Kulminationspunkte des Kriminellen. 8. Die willenlosen Psychopathen. 9. Die Schwächlinge, insbesondere die sogenannten Nervösen.

Zwischen den eigentlichen Geisteskrankheiten im früher erörterten Sinne (den Psychosen) und den psychopathischen Persönlichkeiten läßt sich nicht immer eine scharfe Grenze ziehen. Auch Psychopathen können für voll unzurechnungsfähig erklärt werden — andererseits auch für voll zurechnungsfähig. Ihr eigentliches Gebiet ist aber die verminderte Zurechnungsfähigkeit im Sinne von Absatz 2 des oben wiedergegebenen § 51 des Strafgesetzbuches.

Charakteristisch zur Erkenntnis des Wesens der Psychopathie ist es, daß die Merkmale, die sich bei den Geisteskrankheiten finden, in abgeschwächter Form auch bei den psychopathischen Persönlichkeiten anzutreffen sind. Und darüber hinaus sind die seelischen Eigenschaften, die in stärkster Form bei den Geisteskranken und in schwächerem Maße bei den Psychopathen aufzuweisen sind, auch bei gewissen Charakterzügen normaler Menschen vorhanden. Von einem bekannten Psychiater wird berichtet, daß er auf Gesellschaften wortkarg war und dabei beobachtete, welche Charakterzüge, die seine Geisteskranken in verzerrtester Form aufwiesen, in verkleinertem und verharmlostem Zustande bei den geladenen Gästen zu finden waren.

Für die Psychopathien wie für die Geisteskrankheiten spielt oft die erbliche Belastung eine Rolle. Dabei ist zu beachten, daß eine erbliche Belastung im Sinne einer abnormen psychischen Veranlagung oder Geisteskrankheit eines Vorfahren noch nicht das Vorhandensein eines psychopathischen Zustandes oder gar einer Geisteskrankheit bei dem Patienten zeigt. Nur eine gewisse Chance, einem solchen Zustande zu verfallen, wird durch die Belastung begründet. Die Chance braucht im einzelnen Falle nicht zur Realisierung zu gelangen. Insbesondere braucht die Art des auf erblicher Belastung beruhenden psychischen Leidens sich nicht mit der Art der Leiden und Abnormitäten des Vorfahren zu decken.

Zahlreich und in ihrer Vielfalt schwer zu übersehen sind die Gruppen und Typen psychopathisch veranlagter Verbrecher. Dieselbe juristische Verbrechensart kann ja mit den verschiedensten seelischen Konstitutionen verbunden sein und umgekehrt. Es kommen auch Einzelerscheinungen vor, bei denen es schwer ist, für die Vergleichsobjekte, mit denen sie zu einer Gruppe zusammenzufassen wären, zu finden.

Die etwa herauszuarbeitenden Typen sind in einer nicht geringen Anzahl der Fälle vermischt. Birnbaum (Die psychopatischen Verbrecher. 2. Auflage. 1926) gibt eine Übersicht, aus der hervorzuheben sind: Die psychopathisch Reizbaren und Explosiblen, die zu Jähzorn neigen, — die psychopathisch Leidenschaftlichen, — die Fanatiker, — die Querulanten, — die Eifersüchtigen, — die psychisch Haltlosen. — die amoralischen Psychopathen, denen jedes Verständnis für sittliche Wertungen abgeht, — die Schwermütigen, die zur Tötung ihrer Angehörigen im Zusammenhang mit Selbstmordversuchen neigen, — die unangepaßt Heiteren, — die sexuell Perversen (bei diesen ist die Verbindung des juristischen Tatbestandes mit der Art der seelischen Abnormität enger als bei den übrigen), — die Rauschgiftsüchtigen und die zu Zwangshandlungen neigenden, ferner die Fälle krankhafter Lügenhaftigkeit und Phantasietätigkeit, psychopathisch-kriminelle Frauentypen, Degenerierte und infolgedessen Deklassierte, Hochstaplerinnen, die bestimmte Männer mit Liebesanträgen verfolgen, triebartiges Davonlaufen, Heimweh als Beweggrund zu Brandstiftungen, Straftaten in Dämmerzuständen.

Zu tragischen Fällen führt die psychopathische Veranlagung besonders auf sexuellem Gebiete. Es handelt sich dabei oft um Menschen, die im beruflichen und sonstigen Leben durchaus wertvoll sind, und nur in diesem einen Punkte eine Schwäche aufweisen, die sie dann in der Totalität ihrer Existenz und Lebensführung aus der Bahn wirft. Die größte Rolle spielt die Perversion, die Abirrung des Begehrens vom normalen Ziel des Geschlechtstriebes. Aber auch beim normal gerichteten Geschlechtstrieb sind psychopathische Arten seiner Betätigung möglich.

Krankhaft-hemmungslos gesteigerter Geschlechtstrieb mit normalem Ziel heißt beim Weib Nymphomanie und beim Mann Satyriasis, wird also nach den mythologischen Wesen der Nymphen und Satyrn benannt. Die Sadisten finden Wollust an eigener Grausamkeit, die Masochisten an schmerzbringenden und demütigenden, also normalerweise seelisch schmerzhaften Handlungen. Beim Fetischismus richtet sich die geschlechtliche Wollust auf einzelne Körperteile oder sogar leblose Gegenstände (etwa auf nach Urin riechende Gummiunterlagen aus Kinderwagen oder auf vom Täter abgeschnittene Mädchenzöpfe). Die Travestiten erregen sich an Verkleidungen in Kleidern des anderen Geschlechts, die Exhibitionisten (auch Entblößer genannt) durch plötzliches Herausnehmen des Gliedes vor fremden weiblichen Personen. Man findet unter ihnen oft Männer, die glücklich mit jungen Frauen verheiratet sind und im übrigen mit diesen ein geordnetes Sexualleben führen. Der Drang zum Entblößen überkommt sie aber dann beim Anblick irgend einer weiblichen Person auf der Straße mit solcher Stärke, daß sie das Glück ihrer Familie aufs Spiel setzen. Der Entblößer erregt sich an der Erregung, die er als durch seine Handlung hervorgerufen beim Weibe voraussetzt. Sein psychischer Mechanismus ist auf sexuellem Gebiete komplizierter als der des Normalen. Wulffen (Psychologie des Verbrechers, Band 2, Seite 363) sagt: „Er will nicht sozusagen plumpe Erwiderung der Wollust seitens des Weibes, wie sie beim gewöhnlichen Geschlechtsverkehr gewünscht wird, er will die Wollust des Weibes versteckt hinter Scham und Schreck." Seine Berechnung ist nicht unbegründet. Frauen und Mädchen geraten durch exhibitionistische Akte in viel größere psychische Verwirrung, als es, vom männlichen Standpunkt betrachtet, durch die Umstände gerechtfertigt erscheint. Exhibitionismus kommt wohl nur vom Mann gegen das Weib begangen vor, nicht umgekehrt. Ein gegenteiliger Fall, den Wulffen a. a. O. Seite 364 anführt, dürfte als obszöner Scherz auf normalgeschlechtlicher Grundlage zu erklären sein. Auch unter Homosexuellen ist eigentliches Entblößertum, da es auf das spezifische weibliche Sexualempfinden eingestellt ist, nicht vorhanden.

Die Homosexualität ist die gleichgeschlechtliche Erotik. Ihre Betätigung ist nur zwischen Männern unter eine besondere Strafdrohung gestellt. Die sogenannte lesbische, das heißt weiblich-gleichgeschlechtliche Liebe kann aber strafbar sein, wenn sie unter Mißbrauch eines Abhängigkeitsverhältnisses ausgeübt wird, wie es in der weiblichen Hitler-Jugend und dem Arbeitsdienst bisweilen geschah. Ob und inwieweit die Homosexualität angeboren oder erworben ist, war Gegenstand eingehender Erörterungen. Beides kann wohl der Fall sein. Oft ist sie latent, das heißt, dem Patienten selber unbekannt. Er heiratet und zeugt Kinder. Wenn dann eine besondere Erlebniskonstellation zur Betätigung seiner wahren Veranlagung führt, entstehen tragische Fälle. Ein Indiz für latente Gleichgeschlechtlichkeit ist es, wenn wollüstige Traumvorstellungen sich auf Personen gleichen Geschlechtes richten. Latent Homosexuelle sind oft mit verhältnismäßig reizlosen oder älteren Frauen verheiratet. Die Freundespaare, die sich in der strafgerichtlichen Praxis zu verantworten haben, sind oft grotesk. Die Beziehungen junger Burschen zu alten Männern tragen nicht selten den Charakter echter Liebesverhältnisse, die auch von dem jüngeren Teile gefühlsmäßig durchaus ernst genommen werden. Daneben treten Paare sexuell verkommener Männer auf, die sich in Bedürfnisanstalten kennenlernen. Das gewerbsmäßige Lustknabentum hat weite Verbreitung.

Neben der Homosexualität spielt unter den Sittlichkeitsdelikten die Unzucht mit Kindern die größte Rolle. Oft werden alte Männer mit schwindender sexueller Leistungsfähigkeit von einer Gier nach Betätigung an Schulmädchen oder noch kleineren Kindern befallen. Mitunter sind ihre Opfer auch Knaben. Diese Verbrechen werden nicht aus einem Übermaß sexueller Stärke heraus begangen, sondern im Gegenteil aus dem Schwinden der sexuellen Kräfte im Alter, die stärkere Reize brauchen als sie die ohnehin nur noch schwer durchführbare normale Geschlechtsbetätigung, namentlich mit der gealterten Ehefrau, bieten kann. Das sexuelle Vorstellungsleben ist in solchen Fällen trotz Rückgang der geschlechtlichen Leistungsfähigkeit in unverminderter, ja vielleicht gesteigerter Lebendigkeit erhalten geblieben und führt diese Art von Ersatzbefriedigung herbei. Unzucht mit Kindern, begangen von bisher als Sexualverbrecher noch nicht Vorbestraften, legt die Vermutung nahe, daß der Täter unter dem Einfluß eines (mit Arterienverkalkung und mit hohem Blutdruck verbundenen) beginnenden Altersschwachsinns steht, der seine psychiatrische Untersuchung erforderlich macht.

Die Unzucht mit Tieren beschäftigt die großstädtischen Gerichte nur selten. Die Täter sind in der Mehrzahl der Fälle nur ausgesprochene Schwachsinnige oder Jugendliche. In ländlichen Gegenden, z. B. in Ostpreußen, ist dieses Laster dagegen immerhin häufiger.

Soweit den sexuellen Perversionen eine körperliche Veranlagung, nicht nur schlechte Gewöhnung und Abwechslungsbedürfnis, zugrundeliegt, darf man vielleicht auch an eine Beeinträchtigung des normalen Funktionierens der inneren Drüsentätigkeit denken.

IV.

Psychologische Sondergebiete.

A. Psychoanalyse

Die Psychoanalyse Siegmunds Freuds und die Individualpsychologie Alfred Adlers sind durch die von ihnen herausgebildeten Theorien über Wesen und Ursachen des Verbrechens mit dem kriminologischen Interessengebiet verflochten.

Die Psychoanalyse geht von der Erkenntnis aus, daß das bewußte Ich nur ein geringerer Teil des Psychischen ist, der über dem großen Reservoir von unbewußten Motiven und Vorstellungsinhalten lagert. Über seine tieferen Beweggründe ist nach dieser Lehre der Verbrecher daher selbst nicht in der Lage, Auskunft zu geben, sondern sie müssen mit Hilfe psychoanalytischer Erfahrungen und Methoden erforscht werden. Das Unbewußte wirkt mächtig in das Feld des Bewußten hinein, und die Art der Wirkung wird durch typische frühe Kindheitserlebnisse bestimmt. Der Mensch kommt als ein seinen Trieben uneingeschränkt folgendes Wesen zur Welt. Derjenige Teil der Persönlichkeit, in welchem sie sozial angepaßt sind, ist ein spätes und verhältnismäßig labiles Entwicklungsprodukt, während sich in dem mächtigen Kern der Persönlichkeit Normale und Kriminelle nicht unterscheiden. Die soziale Anpassung beginnt erst, wenn das Kind in der nach dem vierten bis sechsten Lebensjahr beginnenden und mit der Pubertät endenden Periode, den sogenannten Ödipuskomplex, überwindet, der in der Abneigung gegen den Vater und eifersüchtiger Liebe zu der Mutter besteht. (Bei Mädchen umgekehrt.) Die natürlichen unangepaßten Triebe bleiben aber auch nach der Anpassung des Ichs im Unbewußten bestehen und machen sich namentlich in zwei Formen nach außen geltend: Im neurotischen Symptom und im neurotischen Verbrechen.

Der Ansturm der verdrängten dunklen Triebe, die in der psychoanalytischen Fachsprache das „Es“ genannt werden, versetzt den bewußten Teil der Persönlichkeit (das Ich) in Schuldgefühle, die vom Über-Ich (der als Gewissen fungierenden, die soziale Anpassung regulierenden seelischen Instanz) ausgehen.

Dieser Gewissensangst suchen nun sowohl der neurotische Kranke wie der neurotische Verbrecher durch einen eigenartigen seelischen „Bestechungsmechanismus" zu entgehen. Sie nehmen „freiwillig" Leid auf sich, der Kranke in seinen Leiden (dem neurotischen Symptom), der neurotische Verbrecher durch seine strafbare Tat. Zugleich soll aber das „Symptom" ebenso wie das Verbrechen ein Nachgeben gegenüber dem Andrängen der asozialen Tendenzen darstellen und unter diesem Gesichtspunkt trotz der in ihm enthaltenen Leidübernahme auch lustbehaftet sein. In seinem gemeinsam mit Alexander auf psychoanalytischer Grundlage geschriebenen Buche: „Der Verbrecher und seine Richter" sagt Staub: „Der Unterschied besteht allein darin, daß die Befriedigung, die das neurotische Symptom gewährt, keine vollwertige Handlung und nur von subjektiver Bedeutung ist, und daß das neurotische Leiden den Sinn einer selbstverhängten Strafe hat, während die kriminelle Befriedigung der Triebe eine reale Tat gegen die Außenwelt und ihre Folge, die Strafe ein von außen verursachtes Leiden bedeutet. Die Neurose ist somit als eine innerseelische Nachbildung des gesamten kriminellen Geschehens (Verbrechen und Strafe) anzusehen." „Es ist" — so wird weiter ausgeführt — „ein merkwürdiger, zunächst ganz befremdender Eindruck, den der biologisch geschulte Mediziner erhält, wenn er sich mit der psychoanalytischen Neurosenlehre zum ersten Male bekannt macht und plötzlich das Wesen dieser Krankheiten in einer ihm fremden, jedenfalls aber in der Naturwissenschaft ungewohnten, teils literarischen, teils juristischen Sprache und in kriminologischen Begriffen ausgedrückt zu hören bekommt. Er liest von dem Ödipuskomplex, dessen Inhalt der Vatermord und der Mutterinzest ist. Er hört von Schuld und Sühne, von Opfer und Buße, von der Strenge seelischer Instanzen, von Strafbedürfnis ued Geständniszwang. Die Psychoanalyse führt ihn in einen Gerichtssaal, der von dem höchst primitiven Geist primitiver Völker und des Kindes erfüllt ist, und er erfährt, daß dieser Gerichtssaal in der Persönlichkeit des Menschen, ins Unbewußte versenkt, existiert."

Auf kriminologischem Gebiet gelangt die Psychoanalyse zur Lehre vom präexistenten, das heißt, dem Entschluß zur Straftat schon vorausgegangenen Schuldgefühl, vom Strafbedürfnis und vom Geständniszwang. Das präexistente Schuldgefühl und das damit Hand in Hand gehende Strafbedürfnis treiben den Täter erst zur Verbrechensbegehung. Mit dem unterbewußten Strafbedürfnis hängt der Geständniszwang eng zusammen. Das Strafbedürfnis ist geeignet, das dem Täter nachteilige Geständnis voll zu erklären. Die in Aussicht gestellte Strafe ist für den neurotischen Kriminellen Voraussetzung für die Begehung der Rechtsbrüche.

Als ein den Einwirkungen aus dem Unterbewußten unterworfenes Bereich stellt sich nach dieser Lehre auch ein Teil der Fahrlässigkeitsdelikte dar. Das bewußte Ich wird hier von den unbewußten Tendenzen überrumpelt und der fahrlässige Täter will das vermeintlich nur durch mangelnde Aufmerksamkeit Herbeigeführte oft „unbewußt-absichtlich".

Hervorzuheben ist, daß die psychoanalytische Verbrechenstheorie nur auf einen Teil der Kriminalität Anwendung zu finden beansprucht, nämlich auf den neurotischen Verbrecher in dem beschriebenen Sinne. Daneben gibt es aber auch Delinquenten, die lediglich aus der Situation heraus handeln (Gelegenheitsverbrecher) und ferner Verbrecher mit kriminellem Über-Ich, deren Gewissen also gleichsam mit umgekehrtem Vorzeichen funktioniert und die sich, insbesondere zufolge krimineller elterlicher Vorbilder verpflichtet fühlen, asozial zu handeln. Für diese beiden Gruppen (und für die geisteskranken Verbrecher) sollen die berichteten Gedankengänge nicht gelten.

In die tägliche Arbeit der Strafgerichte hat die Psychoanalyse bisher nicht einzudringen vermocht, und es besteht wohl auch keine Aussicht, daß dies in absehbarer Zeit geschehen werde.

Aber der Praktiker wird bestätigen, daß mitunter (und immerhin nicht zu selten) Kriminalfälle vorkommen, bei denen sich psychoanalytische Deutungen geradezu aufdrängen, — so, wenn eine sonst sehr sorgsame Mutter mit unglaublicher Fahrlässigkeit ihr Kind aus dem Fenster stürzen läßt oder wenn ein sonst ordentlicher junger Mann, den der Psychiater für geistesgesund erklärt, in nüchternem Zustande Nacht für Nacht die Feuermelder ganzer Stadtteile in Tätigkeit setzt und von dieser Passion sich auch durch eine lange Freiheitsstrafe nicht abbringen läßt. Wahrscheinlich gehört hierher auch ein Teil derjenigen Rückfallsdelikte, bei denen der erlangte „Vorteil" in so auffälligem Mißverhältnis zu der von vornherein zu erwartenden Strafe steht, daß die Tat für eine oberflächliche psychologische Betrachtungsweise, also aus bewußten Motiven, nicht ausreichend erklärt werden kann.

B. Individualpsychologie.

Auch die unter dem Namen Individualpsychologie bekannte Lehre Alfred Adlers erblickt in Triebregungen, die ins Unterbewußte verdrängt worden sind, das mächtigste Motiv menschlichen Handelns. Kindheitserlebnisse sollen auch hier von ausschlaggebender Bedeutung sein. Statt der frühen Kindheit, die für den Ödipuskomplex der Psychoanalyse bestimmend ist, kommt aber für die Individualpsychologie vor allem die Pubertätszeit in Frage.

Durch körperliche Fehler (Organminderwertigkeit), insbesondere überstrenge Erziehung, Zurücksetzung durch Geschwister, soziale Unterdrückung und andere Ursachen entsteht ein seelisches Minderwertigkeitsgefühl, und dieses wird kompensiert oder sogar überkompensiert durch gesteigerten Geltungswillen. Das Individuum bildet zur Maskierung seines Minderwertigkeitskomplexes vor sich selbst einen geistigen Überbau heraus, einen zur Realisierung des Geltungswillens bestimmten Lebensplan oder, wie die Fachsprache sich ausdrückt, eine Fiktion. Diese bildet dann die Leitidee für den Menschen, in deren Dienst er sein Fühlen, Denken und Handeln stellt. Die verdrängte Regung kann dabei im Felde des Bewußtseins als ihr Gegenteil oder mit einer Zielverschiebung erscheinen, Geiz z. B. als Verschwendungssucht, Vaterliebe als Homosexualität. Droht dem Patienten in Verwirklichung dieses Lebensplanes eine Niederlage, so kann er, um sich diese Schwäche nicht eingestehen zu müssen, in das neurotische System flüchten, von dem bereits in der Psychoanalyse die Rede war, das aber hier eine wesentlich andere Bedeutung hat. Es dient hier dem Selbstschutz des Individuums vor einer Beeinträchtigung in der eigenen Selbsteinschätzung.

Eine Reaktion des Individuums auf das Minderwertigkeitsgefühl ist der „männliche Protest“, der aber auch bei weiblichen Personen vorhanden sein kann. Mißlingt die zur Korrektur des Minderwertigkeitsgefühles bestimmte Realisierung des Lebensplans, so entstehen lebensunfähige Kompensationen, wie Verzärtelung, Flucht vor Verantwortung, vor dem Umgang mit Menschen, vor dem anderen Geschlecht und der Ehe.

In der Gestaltung des Geltungswillens, der Erhöhung des Persönlichkeitsgefühls, die in der Verwirklichung der Leitidee, des geistigen Überbaues, gesucht wird, kommt es weitgehend zu „Sublimierungen“ der verdrängten Triebe, d. h. diese werden so umgewandelt, daß sie vor der Außenwelt bestehen können. In der Rechtfertigung seines Verhaltens vor sich selber arbeitet das Individuum mit verstandesmäßigen Scheingründen, um den ganzen seelischen Mechanismus, an dessen Ausgangspunkt ein Minderwertigkeitsgefühl steht, gegenüber dem eigenen Bewußtsein zu verbergen.

Der Stützung des eigenen Persönlichkeitsgefühls dienen auch Entwertungen anderer Personen. Diese stellt sich das Individuum als moralisch minderwertig dar, um sich bei der Vergleichung in der eigenen Selbstachtung zu erhöhen. Ein uneingeschränktes Nachgeben gegenüber den Entwertungstendenzen würde aber zu untragbaren Konflikten mit der Außenwelt führen. Das Individuum bildet daher Scheingründe heraus, die vor ihm selber ein den sozialen Anforderungen angepaßtes

Verhalten gegenüber den entwerteten Personen dennoch rechtfertigen (sogenannte Gegenfiktion).

Läßt diese der Wahrung sozialer Rücksichten dienende seelische Schutzeinrichtung aber an Stärke nach, so kann die Entwertungstendenz, die andere Personen der ihnen zu Gebote stehenden Rechtsgüter unwert erscheinen läßt, leicht zum Verbrechen führen. So mündet also die individualpsychologische Seelendeutung in eine bedeutsame Kriminaltheorie aus. Das Verbrechen erscheint als Ausdruck sozialer Entmutigung, als Geschehnis im Kampfe um Überwindung von Minderwertigkeitsempfindungen und Wahrung des eigenen Persönlichkeitsgefühls. Dem Verbrecher mit einem in den Entwertungstendenzen zum Ausdruck kommenden gesteigerten Angriffstrieb steht der an der Verwirklichung seiner Leitidee irre werdende, in Verzärtelung und schwächliche Isolierung flüchtende Verbrecher gegenüber, der vor allem als Sittlichkeitsdelinquent in Erscheinung tritt.

In der kriminalistischen Alltagspraxis kommen individualspychologische Gedankengänge bedeutend häufiger als psychoanalytische, die im Gerichtssaal nur in besonders gelagerten Fällen eine Rolle spielen, zum Zuge. Auf dem Gebiet der Jugendgerichtsbarkeit, insbesondere in den Gerichtshilfeberichten der für die Jugendämter tätigen Sozialfürsorgerinnen pflegen sie stark berücksichtigt zu werden.

C. Kriminalpsychologie.

Die Kriminalpsychologie hat man nicht mit Unrecht, aber doch nicht erschöpfend, als die Anwendung der gewöhnlichen psychologischen Methoden auf Sachverhalte, die mit dem Verbrechen zusammenhängen, bezeichnet. Die Psychologie als die Wissenschaft von den Tatbeständen und Gesetzen des seelischen Lebens bietet in der Gegenwart kein einheitliches Bild dar. Zahlreiche Ansätze und Richtungen stehen sich vielfach unverbunden gegenüber. Die alte Assoziationspsychologie, die als einziges Erklärungsprinzip die Assoziationsverläufe, also die Verknüpfung von Vorstellungen, von denen die eine die andere ins Gedächtnis ruft, gelten ließ, und die somit das psychische Leben in ein Spiel mit isolierten Einzelgegebenheiten, die als mehr oder minder starr gedacht wurden, zersplitterte, ist überholt. Ihr gegenüber sucht die Strukturpsychologie das Wesen und die Ganzheit und die diese ausdrückende anschauliche Eigenart seelischer Gebilde zu betonen. Das Ganzheitsprinzip wird als bereits in physiologischen Vorgängen angelegt befunden. Der ganzheitliche (strukturelle) Aufbau seelischen Gebietes wird der früher einseitig mechanistischen und atomistischen Betrachtungsweise gegenübergestellt. Dieser war auch die mit psychologischen Versuchen nach Art der Naturwissenschaften arbeitende Experimentalpsychologie, die aber nach Einordnung in die neuen Bestrebungen ihren Wert behält, vielfach unterlegen.

Grundlegend für die Ganzheitspsychologie ist die Erkenntnis, daß die einzelnen elementaren seelischen Vorgänge bereits von vornherein als unselbständige Glieder in ein sie tragendes eigenartiges Erlebnisganzes eingeordnet sind und nur durch ihre Stellung innerhalb dieses Gefüges richtig bestimmt werden können, und daß solche ganzheitlichen Zusammenhänge das gesamte Seelenleben durchziehen und beherrschen. Der Begriff der determinierenden (bestimmenden) Tendenz spielt für die Interpretierung des Gedanken- und Vorstellungsablaufs sowie der Einstellung des Individuums eine Rolle. Das „Unter-einer-Aufgabe-Stehen" regelt das Funktionieren der psychischen Kräfte. Seelische Leistungszusammenhänge werden entdeckt, die sich nach den Kulturgebieten differenzieren lassen und somit auch in die vom eigentlich Psychischen wieder zu unterscheidende Schicht objektiver geistiger oder soziologischer Gebilde (wie Sprache, Recht, Wirtschaftsstruktur, Aufbau des Geisteslebens, Eigengesetzlichkeiten der verschiedenen Berufe) übergreifen. Die ganzheitspsychologischen Bestrebungen bringen also unter anderem eine starke Betonung der kulturellen Einbettung des Individuums mit sich. Vom kriminologischen Standpunkte aus wäre hier die Frage aufzuwerfen, ob man dabei die für das Verbrechen in Frage kommende negative Seite dieser Beziehung wissenschaftlich schon genügend berücksichtigt hat. Auch das Verbrechensvorhaben und das Bewußtsein der begangenen Tat können derartige, das Seelenleben schließlich völlig beherrschende und in seinen Einzelvorgängen regelnde ganzheitliche Tendenzen darstellen. Statt aller Erklärungen sei auf Dostojewskis aus tiefstem Verständnis kriminologischer Zusammenhänge erwachsenen Roman „Raskolnikow" („Schuld und Sühne") verwiesen.

Die Denkpsychologie hat die Eigenart und Eigengesetzlichkeit der Gedanken und Gedankenabläufe zum Gegenstand. Mit ihrer Hilfe wäre Erscheinungen beizukommen wie etwa der besonderen „Verbrecherlogik", mit der sich Schneickert in seiner „Kriminaltaktik" (S. 259) beschäftigt, und die namentlich auch in den oft gewundenen und weit hergeholten Entschuldigungsgründen der Verbrecher zu finden ist.

Die verstehende Psychologie hat die Methoden planmäßiger Selbstbeobachtung herausgebildet, die namentlich für die Erforschung der latenten Kriminalität, also der zufolge günstiger Milieueinwirkungen oder sonstiger Umstände nicht zum Zuge kommenden kriminellen Anlagen von Interesse sind. Dem Verstehen fremden Seelenlebens sind Grenzen gesetzt. Andererseits ist aber doch auch ein weitgehendes Eindringen in seelische Verhältnisse, die von den eigenen sehr verschieden sind, möglich. (Man braucht nicht Caesar zu sein, um Caesar zu verstehen.) Die Grenzen seelischen Verständnisses sind aus naheliegenden Gründen gerade bei der Beurteilung verbrecherischen Verhaltens von Bedeutung.

Einen methodischen Verzicht auf jedes psychische Verstehen spricht die in Amerika entstandene wissenschaftliche Richtung des Behaviourismus (Verhaltenskunde) aus. Dieser wendet sich bewußt von jeder Erlebnispsychologie ab und betrachtet lediglich das äußere Verhalten, das bestimmten, sich aus dem Wechselspiel zwischen Individuum und Milieu ergebenden Situationen, zugeordnet ist, ohne von diesem Benehmen aus Schlüsse auf bestimmte Bewußtseinszustände ziehen zu wollen.

Zweck dieser Methode ist es, über zukünftiges Verhalten Voraussagen machen zu können. Der Weg in die Kriminologie dürfte für diese Forschungsrichtung wohl in erster Linie über statistisches Gebiet führen.

Wie sich schon aus vorstehender Skizzierung ergibt, liegt also der spezielle Charakter der Kriminalpsychologie nicht in der Eigenart der beigebrachten Methoden und Lösungen (diese werden den allgemeinen psychologischen Theorien entnommen), sondern in dem Aufwerfen der aus dem Bereich der Verbrechensbeobachtung und Verbrechenslehre entnommenen, psychologischer Beurteilung zuzuleitenden Probleme. Unter diesem Gesichtspunkt aber bildet die Kriminalpsychologie eine selbständige wissenschaftliche Disziplin. Dem kriminalistischen Praktiker bietet sich hier besonders Gelegenheit, die Forschung mit aufschlußreichem Material zu bereichern.

V.
Individuum und Gesellschaft.

Den Auftakt zu einem bedeutenden Aufleben der kriminologischen Forschung haben die Schriften des italienischen Arztes Cesare Lombroso (1835—1909) gegeben. Nach der von ihm begründeten Verbrechensauffassung ist der „geborene" Verbrecher eine besondere Menschenart, die an bestimmten körperlichen und seelischen Merkmalen unzweideutig erkennbar sei. Solche Kennzeichen sollen sein: gewisse Formabweichungen am Schädel, am Gehirn und an sonstigen Körperteilen, Vorspringen des unteren Oberkieferteiles, fliehende Stirn, Mißverhältnis zwischen Hirn- und Kauschädelentwicklung und Ähnliches. Als seelische Merkmale sollen charakteristisch sein: herabgesetzte Sinnesempfindlichkeit, verringerte Schmerzempfindlichkeit (damit sollen die Tätowierungen zusammenhängen), Leichtsinn, Grausamkeit, Trägheit, Aberglaube. Die Grundlage der kriminellen Neigungen soll stets epileptisch sein; überdies aber sollen sie mit gewissen atavistischen, in die Uranfänge des Menschengeschlechtes zurückreichenden Trieben zusammenhängen. Allerdings erkennt Lombroso neben der Gruppe der geborenen Verbrecher auch andere Verbrecherarten an: den Leidenschaftsverbrecher, den Gelegenheitsverbrecher, den Verbrecher auf Grund erworbener Gewohnheit. Die Mitwirkung äußerer Umstände leugnet er nicht; beim geborenen Verbrecher, der von Geburt an unentrinnbar der Kriminalität verfallen sei, sollen sie aber nur von auslösender Bedeutung sein. Für die Behandlung geborener Verbrecher zieht Lombroso aus seiner Theorie bestimmte Folgerungen. Sie sollen zur Sicherheit der Gesellschaft lebenslänglich in Haft behalten werden, aber nur zur Sicherung und nicht unter dem Gesichtspunkt der Schmach und Schande.

Die moderne Forschung sieht die Lehre Lombrosos, dessen hohe Verdienste um die Eröffnung fruchtbringender Auseinandersetzungen nicht verkannt werden, als überholt an. Das Vorhandensein eines Verbrechertyps mit bestimmten seelischen und körperlichen Merkmalen läßt sich nicht nachweisen. Wohl gibt es Menschen, bei denen schon in der Geburtsstunde die Voraussetzungen so ungünstig sind, daß das Abgleiten auf die Bahn des Verbrechens nach menschlichem Ermessen zu erwarten ist. Aber sie stellen nicht einen einheitlichen, in sich geschlossenen Typ dar. Unter ihnen sind vielmehr sowohl in körperlicher wie in seelischer Hinsicht die verschiedensten Arten vertreten. Es gibt unter den Menschen von stärkster verbrecherischer Veranlagung brutale Gewaltmenschen und weichliche Schwächlinge, Faule und bewundernswert Betriebsame, Dumme und Hochintelligente, Oberflächliche und tief Veranlagte, Genußsüchtige und Enthaltsame. Auch spielen Umwelt und Lebensschicksal keine geringere Rolle als angeborene Veranlagung. Völlig unhaltbar ist die Nahestellung des Verbrechertums zu den Krankheitsformen der Epilepsie. Lombrosos Lehre ist aus dem Wunschtraum heraus geboren, auch auf kriminologischem Gebiete einen exakten Beurteilungsgesichtspunkt nach Art naturwissenschaftlicher Erkenntnisse zu gewinnen. Dabei ist verkannt, daß wir es beim Verbrechen mit einem komplizierten Kulturphänomen zu tun haben, das die Geisteswissenschaften berührt, insofern es von der Rechtsordnung ausgeht und von dort durch die verbindenden Zwischenschichten des Soziologischen und des Psychologischen ins Bereich des Biologischen hineinragt. Wollte man Lombroso in überspitzter und leicht übertriebener Form kritisieren, so könnte man sagen, daß nach seiner Lehre die Natur ihre Geschöpfe unter juristischen Gesichtspunkten gestaltet.

Die Versuche, Ergebnisse wissenschaftlicher Persönlichkeitsforschung auf die Beurteilung der Kriminalität anzuwenden, sind zahlreich. Der Leitsatz, daß Körper und Seele sich gegenseitig entsprechen, hat sich dabei als eine fruchtbare Arbeitshypothese erwiesen, wenn auch die Fälle, in denen man unter gewissen Gesichtspunkten Unstimmigkeiten und Kontraste zwischen körperlicher Erscheinungsform und Gestaltung des Innenlebens festzustellen hätte, zahlreicher sind, als man annehmen möchte. Von der Temperamentslehre des griechischen Altertums (Sanguiniker, Melancholiker, Choleriker, Phlegmatiker) über eine große Zahl anderweiter Einteilungen erheben sich die Systeme schließlich zu komplizierten Konstruktionen. Auch kam man zu dem Ergebnis, daß gleichartige Charaktereigenschaften auf verschiedenem Wege zustandegekommen sein können und daher unter Umständen für die Gesamtwürdigung der Persönlichkeit etwas Verschiedenes bedeuten. So kann z. B. Ruhe und Gelassenheit dadurch veranlaßt sein, daß jemand noch nichts Erschütterndes erlebt hat; sie kann aber auch besagen, daß Schweres hinter ihm liegt, so daß ihn nichts mehr außer Fassung bringt.

Der Marburger Psychiater Ernst Kretschmer gibt für die Reaktionsweisen von Psychopathen Hinweise, die auch für das nichtpsychopathische Seelenleben von Bedeutung sind und namentlich den Kriminologen interessieren. Er unterscheidet 1. Die Primitivreaktionen. Das an die Persönlichkeit herantretende Erlebnis wird mit einer sofort nach außen hin in Erscheinung tretenden Reaktion beantwortet. Man spricht in diesem Zusammenhang mit einem sprechenden Vergleichsbilde von Kurzschlußhandlungen. Beispiele: Junge Dienstmädchen begehen aus Heimweh Mordtaten und Brandstiftungen, — Selbstmord von Liebespaaren —, Kindesmord durch uneheliche Mütter. 2. Die Ausweichhandlungen. Auch hier tritt eine Reaktion auf den Außenreiz ein, ehe dieser vom Gesamtbewußtsein vollkommen erfaßt und durchgearbeitet ist. Aber diese Reaktion ist nicht in die Außenwelt gerichtet, sondern verliert sich in dunkle seelische Nebenbahnen. Es soll sich dabei um diejenige Gruppe handeln, die gewöhnlich als hysterisch bezeichnet wird. 3. Die sensitiven Reaktionen. Die äußere Reaktion wird verhalten, das Erlebnis aber im Innenleben auf das stärkste verarbeitet, ohne in befreiender Weise überwunden zu werden (Ressentiment). 4. Die expansiven Reaktionen. Innerlich stark mit sich selber beschäftigte Menschen tragen seelische Erlebnisse lange nach und kommen schwer darüber hinweg. Querulantenwahn, Kampfneurosen und Kampfpsychosen sind hierher zu zählen. 5. Die asthenischen Reaktionen bei gemütsschwachen und willenschwachen Naturen, die am Leben leiden.

Diese charakterologischen Reaktionstypen decken sich nach Kretschmers eigener Feststellung nicht mit den später zu erwähnenden, gleichfalls von ihm ergründeten körperlich-seelischen Typen.

Kriminologisch bedeutsam ist auch die von dem Schweizer Arzt Karl Gustav Jung herausgearbeitete Unterscheidung von extravertierten, in ihrer Lebensenergie vorwiegend auf die Außenwelt und intravertierten, auf das Innenleben gerichteten Menschen.

Die Versuche, aus der Art des Funktionierens der inneren Sekretion Anhaltspunkte für eine Einteilung der Charaktere zu gewinnen, wurden schon erwähnt. Eine Unterleistung in den Ausscheidungen der Schilddrüse ergibt phlegmatische, wenig rege, leicht müde werdende Menschen von geringem Temperament, eine Überproduktion dagegen macht den Menschen hastig, hochfahrend, beweglich, zornig. Abnormitäten im Funktionieren anderer Drüsen führen ebenfalls zu Charakterveränderungen.

In seiner schon erwähnten charakterologischen Typeneinteilung auf Grund des Körperbaus unterscheidet Kretschmer Menschen von asthenischem (d. h. schmalwüchsigem) Typus und bringt mit diesen körperlichen Merkmalen gewisse seelische Eigenschaften, die sich vorwiegend bei dem zu ihnen gehörenden Körperbautypus finden sollen, in Verbindung. Die Schmalwüchsigen sollen eine Gemütsart aufweisen, die sie in eine gewisse Nahestellung zur Geisteskrankheit der Schizophrenie bringt. Es soll damit nicht gesagt sein, daß sie geisteskrank oder auch nur psychopathisch wären; aber er ist der Ansicht, daß ihre in der Mehrzahl der Fälle durchaus ins Bereich des Normalen fallenden Charakterzüge sich gewissermaßen wie durch ein Vergrößerungsglas von jener Geisteskrankheit aus, wo sie in verzerrter und vergrößerter Form auftreten, beleuchten lassen. Die Fettwüchsigen sollen dagegen Beziehungen zum manisch-depressiven Irresein aufweisen. Entsprechende Zuordnungen seelischer Eigenschaften werden von dieser Lehre auch für die Starkwüchsigen vorgenommen, ebenso für gewisse Mischtypen, deren Vorhandensein anerkannt wird. Die Starkwüchsigen stehen in ihrer psychischen Veranlagung den Schmalwüchsigen nahe. Die Menschen im Umkreis der Schizophrenie haben eine von außen schwer zu durchschauende seelische Tiefe, ein reiches Innenleben, das durch Maskierungen verborgen wird. Es handelt sich um verschlossene Naturen. Sie neigen zum Doppelleben und zu psychischen Spaltungen. Unter sich sind sie wieder sehr verschieden, da diese Grundtendenzen sich verschieden auswirken. Auf erotischem Gebiet unterliegen sie oft Hemmungen und Komplikationen.

Die in die Richtung des manisch-depressiven Irreseins gehörenden Menschen pflegen dagegen leichtlebiger, gutmütig, gesellig, unkomplizierter, für den Wechsel von Freud und Leid empfänglicher zu sein. Die Verschiedenheit der Körperbautypen soll ebenfalls mit Abweichungen der inneren Drüsenfunktionen im Zusammenhang stehen.

Die Anwendung dieser Konstitutionslehre auf die Verbrecherwelt ist Gegenstand eingehender Untersuchungen und Forschungen gewesen. Es hat sich dabei herausgestellt, daß die Teilnahme von Fettwüchsigen an der Kriminalität auffallend gering ist. Bemerkenswert ist, daß eine bestimmte soziologisch und kriminalistisch bedeutsame Eigenschaft, wie z. B. Zornmütigkeit, sich je nach dem Konstitutionstypus, dem ihr Träger angehört, anders auswirkt. Die Verschiedenheit der seelischen Fundierungen einzelner bei verschiedenen Individuen scheinbar gleicher Charakterzüge ist also von praktischer Bedeutung.

Die Verwurzelung psychologischer Zusammenhänge und menschlichen Verhaltens im Biologischen wird uns selten so augenfällig gemacht wie durch Anwendung der Vererbungslehre auf die Welt des Verbrechens, das sich doch im ganzen genommen als ein kompliziertes Kulturphänomen darstellt. Der Begriff der Vererbung stammt ja eigentlich aus dem Recht. In der Erblichkeitslehre wird er auf naturwissenschaftliches Gebiet übertragen. Durch Anwendung der Vererbungstheorien auf die Kriminalität berührt er dann in abgewandelter Form wieder rechtliche Erscheinungen.

Eine Grundlage der Erblichkeitslehre ist die Unterscheidung zwischen Genotypus und Phänotypus. Der Phänotypus ist der Erscheinungstyp. Er ist die Gesamtheit der erkennbaren Merkmale, die äußere, wahrnehmbare Erscheinungsform eines Organismus. Genotypus dagegen bedeutet die Totalität der Entfaltungs*möglichkeiten*, die für einen Organismus oder ein Individuum durch seine ererbte Veranlagung gegeben waren, die also für die Verwirklichung gewissermaßen zur Wahl standen, von denen aber je nach den Erlebnissen und Schicksalen immer nur ein Teil, und zwar je nach Ablauf der Geschehnisse bald dieser, bald jener in die Wirklichkeit umgesetzt wird.

Der Genotypus ist für diesen Vorstellungskreis die Gesamtheit aller Keimfaktoren (Gene) des Individuums. Beobachten können wir immer nur den Phänotypus, da der Genotypus ja eigentlich nur etwas Gedachtes ist, das die Bedeutung eines zureichenden Erklärungsgrundes für wahrnehmbare Wirkungen hat. Vererbt wird der Genotypus. Man spricht aber von Vererbung, wenn Vorfahr und Nachkomme phänotypisch das gleiche Merkmal aufweisen. Ein Grundgesetz der Vererbungslehre lautet, daß phänotypische Übereinstimmung zweier Individuen keineswegs die gleiche genotypische Ursache zu haben braucht, wie umgekehrt bei genotypisch gleichen Individuen der Phänotypus infolge anderer Milieueinwirkung verschieden sein kann.

Gregor Mendel (Abt in einem Augustinerkloster in Brünn, gestorben 1884) hat sogenannte Bastardisierungsregeln aufgestellt. Diese besagen, daß in der befruchteten Eizelle für jedes Merkmal zwei Anlagen vorhanden sind, von denen die eine von dem Vater, die andere von der Mutter stammt. Stimmen beide Zellen in dem zur Untersuchung stehenden Merkmal überein, so ist das Merkmal homozygot (Zygote heißt Eizelle, homozygot also gleichzellig). Waren die elterlichen Zellen in dem fraglichen Punkte aber verschieden, so ist das Merkmal heterozygot (verschiedenzellig). In die Geschlechtszellen des Abkömmlings (Gameten genannt) gelangt, wenn es sich um ein homozygotes Merkmal handelt, mit Notwendigkeit auch wieder das gleiche Merkmal. War das Merkmal aber heterozygot, so treten für seine Übertragung auf die Nachkommenschaft gewisse Gesetzlichkeiten ein, die als die Mendelschen Regeln bekannt sind. Diese sind verhältnismäßig kompliziert und müssen im einzelnen hier übergangen werden. Das heterozygote Merkmal kann beim Abkömmling die beiden Elternanlagen in gegenseitiger Annäherung vereinigen (also rot und weiß ergibt hellrot), oder es entscheidet sich für eine der beiden zur Wahl stehenden Erbanlagen, während die andere wegfällt. Die obsiegende Anlage wird dann als dominant, die ausfallende als rezessiv bezeichnet. Die rezessiv gewordene Anlage wird im Phänotypus der Nachkommenschaft nun erst dann wieder sichtbar, wenn durch weitere Kreuzung Keimzellen aufgenommen sind, die zu ihr homozygot sind. Daher kann Inzucht in erbkranken Familien gefährlich sein. Es können verdrängte ungünstige Anlagen durch sie wieder erwachen.

In der Kriminologie und Psychiatrie werden als erblich belastet die Menschen angesehen, in deren Verwandtschaft Geisteskrankheiten, psychopathische Zustände, Alkoholismus, Verbrechen, Prostitution, Selbstmorde vorkamen. Die Psychiatrie hat nicht ohne Erfolge versucht, Gesetzmäßigkeiten für die Vererbungswirkungen einzelner Geisteskrankheiten herauszuarbeiten. So hat Schizophrenie vielfach die Begleiterscheinung, daß insbesondere Neffen und Nichten des Erkrankten in einen geistigen Defekt verfallen, der allerdings nicht wieder in Schizophrenie zu bestehen braucht.

Das Verbrechen ist kein einfacher biologischer Vorgang, sondern ragt in das soziologische und sogar in das rechtliche Gebiet hinein. Immerhin ist das zweifelsfreie Ergebnis gewonnen worden, daß unter den Verwandten von Rückfallverbrechern mehr Kriminelle vorhanden sind, als unter denjenigen einmaliger Rechtsbrecher. Die Frage, ob dies auf Vererbung im biologischem Sinne oder auf ähnlicher Milieueinwirkung beruht, ist damit nicht ohne weiteres beantwortet. Allerdings wird die Bedeutung des biologischen Einschlages im Kriminellen wesentlich gesteigert durch die Ergebnisse moderner Zwillingsforschung. Zwillinge entstammen entweder demselben oder zwei verschiedenen Eiern. Man hat feststellen können, daß sich eineiige Zwillinge dem Verbrechen gegenüber vorwiegend übereinstimmend, zweieiige aber voneinander verschieden verhalten. Dies gilt nicht nur zahlenmäßig, sondern auch für die Qualität der kriminellen Verfehlungen.

Zur Ergründung von Zusammenhängen der Vererbung und von sonstigen kriminologischen Zusammenhängen hat man sogenannte kriminalbiologische Untersuchungsstellen begründet, die sich namentlich mit der Untersuchung eines möglichst großen Materials von Strafgefangenen befaßten. Für Österreich und Bayern sind hier Namen von Forschern wie Lenz, Seelig, Degen, Viernstein, für Sachsen der durch seinen im Mai 1945 erlittenen antifaschistischen Opfertod bekannt gewordene Professor Fetscher zu nennen. Seine erbbiologische Kartei im Strafgerichtsgebäude in Dresden wurde 1933 beseitigt.

Die sich als kriminalbiologisch bezeichnende Methode dieser Stellen suchte das Leben des Verbrechers in seiner Totalität, also nicht nur vererbungsmäßig und psychologisch, sondern vor allem auch soziologisch zu erfassen. Man spricht hier von einer „mehrdimensionalen" Methodik. Die Kennzeichnung als biologisch erscheint fragwürdig. Die moderne Biologie als Wissenschaft begnügt sich mit der Erforschung der Pflanzen und Tiere. Soweit echte Vererbungserscheinungen aufzuweisen sind, die allerdings beim Menschen die Bezeichnung biologisch rechtfertigen können, werden sie von kulturellen Zusammenhängen überschnitten.

Die Untersuchungsstellen arbeiteten mit Fragebogen, die von den Kriminellen auszufüllen waren und bis zu 50 Nummern umfaßten. Sie waren so angelegt, daß sich aus ihnen ein erschöpfendes Lebensbild zu ergeben hatte. Auf Grund der Bogen wurden Berichte angefertigt, die man einer Sammelstelle zwecks wissenschaftlicher Bearbeitung zuleitete.

Alle diese Bestrebungen haben die Einsicht in die Lebensbeziehungen der Verbrecher gefördert. In ihrer praktischen Auswirkung bringen sie die Gefahr mit sich, daß der Eindruck des gestalthaften, individuellen Straffalles in einer Flut von Einzelheiten erstickt wird und das in der Strafrechtspflege bedeutsame Moment der intuitiven Erfassung des Wesentlichen durch die Fülle des Gebotenen an Sicherheit und Prägnanz verliert. Solchen Gefahren ist aber durch die persönliche Fähigkeit zur Wahrung des Überblicks und überlegene Handhabung zu begegnen. Ein wichtiger Gesichtspunkt ist natürlich die zu wahrende Skepsis gegenüber Angaben des Verbrechers, seiner Angehörigen oder sonstiger Auskunftspersonen.

Den wissenschaftlichen Bestrebungen, den Verbrecher aus der angeborenen Prägung seiner Persönlichkeit zu erklären, wie wir sie in Lombrosos Lehre vom delinquente nato, in den Konstitutionsforschungen und der Vererbungslehre kennenlernten, steht die s o z i o l o g i s c h e Verbrechensauffassung gegenüber, die das Verbrechen als gesellschaftliche Erscheinung betrachtet und den Akzent auf die vom Milieu, von der Umwelt ausgehenden, die Artung des Menschen im Lauf seiner Lebensschicksale formenden Einflüsse legt. Streng genommen werden damit wohl zwei ganz verschiedene Gesichtspunkte nicht ganz scharf auseinandergehalten. Das Umweltprinzip ist nämlich mit dem soziologischen Einschlag nicht unbedingt identisch. Man denke etwa an Themen wie „Verbrechen und Jahreszeiten", „Verbrechen und Tatort", „Klima", „Tatortlandschaft" und ähnliches. Indessen treten die nicht-soziologischen Milieufaktoren sehr zurück, und sie sind ihrerseits, wenn auch nicht gesellschaftlicher Herkunft, so doch von weitgehender gesellschaftlicher Bedeutung. Man wird daher über diese etwas eigenmächtige Zusammenlegung hinweggehen können.

Unter dem Gesichtspunkt soziologischer Erfassung von Verbrechensursachen sind nun die gesellschaftlichen Faktoren zu erwähnen, die zum Teil dem Gebiet des Kriminellen schon ihrerseits nahestehen, zum Teil aber zu den die Gestaltung des Menschenlebens überhaupt bestimmenden Gegebenheiten gehören. Einfluß des Berufes: Geschäftsreisende begehen Urkundenfälschung durch Ausstellung fingierter Aufträge; Posthelfer unterschlagen Päckchen; Kassierer werden mit fremden Geldern flüchtig; alte Handwerker vergreifen sich in der Werkstatt an Schulmädchen, die Reparaturen bringen. Eigentlich ist in solchen Fällen der Beruf weniger die treibende Ursache, sondern mehr die Bahn, auf der sich der Täter zum Verbrechen bewegt. Anders ist das Verhältnis schon, wenn die von einem praktischen Kriminalisten geäußerte Beobachtung richtig ist, daß Männer, die beruflich mit Feuer zu tun haben, wie Köche, Heizer, Schmiede, Bäcker zu Sittlichkeitsdelikten neigen. Das geltende Strafgesetzbuch sieht für Straftaten, die unter Mißbrauch eines Berufs oder Verletzung von Berufspflichten begangen sind, ein auf Zeit beschränktes Verbot der Berufsausübung vor.

Familiäre Verhältnisse: Unglückliche Ehen führen zu Meineiden in Scheidungsprozessen. Täter ist in der Regel nicht der schuldige Eheteil selber, sondern der Partner oder die Partnerin des Ehebruchs. Überhaupt sind Scheidungsaffären die Ursache von Delikten mannigfacher Art. Unglückliche Familienverhältnisse rufen seelische Überbelastung hervor, die in der Tötung von Familienmitgliedern und in eigenem Selbstmordversuch kulminieren kann. Wohnverhältnisse: Führen zu Streitigkeiten, die sich zu schwerwiegenden Körperverletzungen und Totschlag steigern können. Unzucht mit Kindern und Blutschande beruhen oft auf ihnen. Jugendliche werden außer Fassung gesetzt und gleiten auf die Bahn des Verbrechens ab, weil sie den Beischlaf der Eltern beobachten.

Hohe Preise oder Knappheit der Nahrungsmittel; allgemeine Wirtschaftslage, Arbeitslosigkeit als Verbrechensursache: Beispiele erübrigen sich hier. Krieg als Verbrechensursache im Inland: Dieser Gesichtspunkt ist wohl für eine kriminologische Berücksichtigung zu weit gefaßt. Man würde vielmehr die verschiedenen Stadien des Krieges und die ständig sich wandelnde Gesamtsituation zugrunde zu legen haben. Unruhige Zeiten, Massenzusammenrottungen (Vgl. hierzu Schneickert, Kriminaltaktik). Die Masse benimmt sich auch kriminologisch anders als der Einzelne. Suggestion des Beispiels, Einheit des Orts und der Zeit, Erregung der Gemüter, unmittelbare Berührung vieler Individuen, steigern die Geschwindigkeit des Handelns und schwächen die Überlegung. Die seelische Gärung überträgt sich mit äußerster Geschwindigkeit. Kurzschlußhandlungen drängen sich auf. Das Gefühl persönlicher Verantwortlichkeit beginnt trotz Unrechtbewußtseins, das aber schließlich auch fehlen kann, zu schwinden. Man hat sehr prägnant von seelischer Mimikry gesprochen. Getarnte Leiter der Massenbewegungen sind meistens vorhanden (z. B. Biedermänner, die sich vor Plakaten zu Gehör der Straßenpassanten unterhalten). Die Judenverfolgungen sind uns in frischer Erinnerung. Die Zahl verleiht das Bewußtsein der Macht. Kleinste Vorfälle genügen für stärkste Wirkungen. Die Zusammensetzung der Masse ist für die Art ihrer Betätigung bestimmend. Historisch gerechtfertigte politische Aktionen sind, auch wenn sie ohne gewaltsame Maßnahmen nicht abgehen, von kriminellen Massenausschreitungen zu scheiden.

Der Staat als Verbrechensursache: Ist ein in der Kriminologie bisher aus begreiflichen Gründen wenig behandeltes Thema. Statt aller Erörterung gebe ich nur aus dem aufschlußreichen Buche von Walter Luz „Das Verbrechen in der Darstellung des Verbrechers" die Aufzeichnung eines rückfälligen Einbrechers wieder: „Wenn andere es auch so machen, dann kann der Mensch viel irren; deshalb nimmt man sich ein Beispiel an größeren Einheiten, Gesellschaften, Regierungen, Nationen; bei denselben kann man finden, daß sie stehlen, rauben, morden, lügen und betrügen. Man kann hier nur auf diese Formel schließen, wo Macht ist, da ist Recht." Kriminelle Wirkungen kultureller Erscheinungen: Schundliteratur, Film, sensationelle Presseberichte, Rennwetten, Glücksspiel. Die beiden letzten Faktoren stehen in ihrer Auswirkung auf die Kriminalität in der Mitte zwischen wirtschaftlichen Motiven und der Sucht nach ungesunder geistiger Anregung. Unsachgemäß sensationelle Presseberichte über Kriminalfälle spielen in der Gegenwart kaum eine Rolle. Wie sich bei unreifen Menschen Filmbesuch und Kriminalroman auswirken können, zeigt mit besonderer Prägnanz ein Fall aus der Praxis, in dem ein Jugendlicher, der von einer Frau einen hohen Betrag unter Todesdrohung zu erpressen versucht hatte, als Beweggrund angab, er habe Interesse daran gehabt, selber einmal einen Kriminalfall zu erleben. Die Karl-May-Romane sind bekanntlich ein umstrittenes Thema, zu dem hier nicht Stellung genommen werden soll. Eine Sonderposition nimmt das pornographische Schrifttum einschließlich der unzüchtigen Bilder ein.

Die Prostitution schafft ein Milieu, das zum mindesten einen günstigen Nährboden für verbrecherische Betätigung bietet. Der französische Kriminologe Parent du Chatelet nennt sie so unvermeidlich in einer Menschenansammlung wie die Kloaken, Abdeckereien und Abortgruben. August Bebel erblickt in ihr eine Begleiterscheinung des Kapitalismus. Andere betrachten sie als eine Entartung, die für die Frau das Äquivalent der männlichen Kriminalität darstelle. Man hat darauf hingewiesen, daß die Personalunion zwischen Verbrecherin und Prostituierter durchaus nicht die Regel bildet. Die Beischlafsdiebin erwähnt schon der mittelalterliche Scholastiker Thomas von Aquino als Beispiel dafür, daß eine Sünde die andere hervorrufe.

Die früher geäußerte Ansicht, daß Prostitution im wesentlichen auf geistiger Minderwertigkeit beruhe, hat man aufgeben müssen. Es gibt auf diesem Gebiete auch gehobene Schichten in gepflegtem Milieu. Diesen Kreisen gehören überwiegend die verheirateten Dirnen an, die mit Hilfe des plötzlich auftretenden Ehemannes Erpressungen an ihren Opfern verüben lassen. Aschaffenburg hebt mit Recht hervor, daß es sich nicht statistisch erfassen lasse, „inwieweit die Möglichkeit, sich jederzeit einen kurzen Geschlechtsrausch für Geld verschaffen zu können, jüngere und ältere Männer ins Verbrechen hinübergleiten läßt". Auf der parasitären Erscheinung der Prostitution gedeiht seinerseits wieder gewissermaßen als Parasit zweiter Ordnung das Zuhältertum. Wie sich Prostitution und Zuhältertum in der aus den Kriegswirkungen hervorgehenden neuen Gesellschaftsordnung entwickeln und ob sie ihre Bedeutung für das soziologische Untergrundleben im bisherigen Ausmaße behalten werden, muß dahingestellt bleiben.

Wenn wir den Aberglauben erwähnen, so geschieht es wiederum (vgl. oben Seite 37) nicht aus dem Grunde, weil sein Erscheinen in den uns beschäftigenden Zusammenhängen in der Praxis häufig wäre, sondern um auf die Spannweite kriminologischer Möglichkeiten hinzuweisen. Der Aberglaube ist nach der Formulierung von Löwenstamm (H. Groß' Archiv, Band 25, Seite 131) ein logischer oder tatsächlicher Fehler, der darin besteht, daß der Mensch infolge überkommener, von der Wissenschaft aber verworfener Ansichten zwei Erscheinungen in einen ursächlichen Zusammenhang bringt, die ihrer Natur nach keinen Einfluß aufeinander haben können. Ob das weitgehend beobachtete Zurücklassen von Kot am Tatorte auf Aberglauben oder auf anderen Ursachen (aggressiver Unflätigkeit) beruht, ist im

Schrifttum erörtert worden, dürfte aber ziemlich belanglos und in den einzelnen Fällen verschieden zu beurteilen sein. Beim Meineid spielt in gewissen Bevölkerungskreisen das Ausstrecken eines Fingers der linken Hand beim Schwure zur Ableitung der Verbrechensfolgen eine Rolle. Gegenstände werden als Talismane gestohlen. Im Konitzer Ritualmordprozeß aus der Zeit vor dem ersten Weltkriege legte die vom Antisemitismus irregeleitete Meinung einem Verbrechen abergläubische Motive zugrunde, die nicht vorhanden waren: Juden sollten zur Verwendung des Blutes bei religiösen Zeremonien gemordet haben. Der Glaube an Hexen hat in Beleidigungsangelegenheiten auf dem Lande manchmal noch eine Rolle gespielt. Notzucht an geschlechtsreinen Mädchen oder Sodomie zur Heilung von Tripper soll vorgekommen sein. Abergläubische Kreise fallen betrügerischen Machenschaften zum Opfer: Kartenlegerinnen, Gesundbeten, spiritistische Schwindler (Blumenmedium Rothe aus der Zeit vor dem ersten Weltkriege) haben die Kriminalgerichte beschäftigt. In Italien hat die Bekämpfung des „bösen Blickes" zu Straftaten geführt.

Eine ernste, für die Gesetzgebung schwer zu behandelnde Verbrechensursache auf gesellschaftlicher Grundlage bildet die Mißachtung gegen den Vorbestraften und die sich daraus ergebenden wirtschaftlichen Nachteile. Bekannt ist der Fall des „Hauptmanns von Köpenick" aus dem wilhelminischen Deutschland, der aus der Not des Vorbestraften heraus eine das politische Regime in witziger Weise ironisierende Straftat beging.

Den soziologischen Verbrechensursachen hat man wegen der sich aus ihr ergebenden verschiedenen soziologischen Funktionen die Geschlechtszugehörigkeit zugezählt. Spezifische weibliche Delikte sind Abtreibung, Kindestötung, namentlich nach unehelichen Geburten, Meineid in Alimentenprozessen, Kuppelei, die nicht immer nur auf Gewinnsucht, sondern oft auf einem besonderen weiblichen Triebe, das Liebesleben oder die Geschlechtsvereinigung anderer zu fördern, beruht.

Die Behandlung der Kriminalität nach Gesichtspunkten wie „Stadt und Land“, „Einfluß der Sonntage“, „Einfluß der Jahreszeiten“ hat mitunter zur Feststellung von Binsenwahrheiten geführt, die ohnehin jedem bekannt waren.

Interessante soziologische Erscheinungen auf kriminologischem Gebiete sind die Gaunersprache und die Verbrechermoral. Jene bedeutet ein Symptom gesellschaftlicher Absonderung kriminell gewordener Schichten und die Herausbildung einer eigenen, die Lebensdauer des einzelnen übergreifenden Tradition, die teilweise von hohem Alter ist. Sie zeugt schon von kriminellem Selbstbewußtsein und einer gewissen Bejahung gesellschaftsfeindlicher Einstellung und leitet daher zur eigentlichen Verbrechermoral über, die sich in ihren ethischen Wertungen dem kriminellen Milieu und den kriminellen Vorbildern anpaßt, und Prinzipien entwickelt, die sich von den herrschenden sittlichen Anschauungen bewußt distanzieren. In den „Memoiren aus einem Totenhaus“ spricht Dostojewski von dem „Würdegefühl des Verbrechers“, nach dem sich sein gesellschaftlicher Rang unter seinen Schicksalsgenossen richtet und kennzeichnet die Strafgefangenen als „mürrische, neidische, furchtbar großsprecherische Formalisten“. Allerdings sind von der spontanen Verbrechermoral die psychologischen Wirkungen des Zuchthauslebens wieder zu trennen. Brutstätten des kriminellen Korpsgeistes sind für den auf freiem Fuße befindlichen die Verbrecherkneipen.

Zu den soziologischen Gesichtspunkten gehört, insofern sie Gruppen bildet, die innerhalb der Gesellschaft eine Rolle spielen und das Problem einer gleichartigen Behandlung der einzelnen Kategorien zum mindesten aufwirft, die Einteilung der Verbrecher nach bestimmten Gesichtspunkten (Typologie des Verbrechers). Die Einteilungen können psychologisch oder tatbestandsmäßig-juristisch sein. Psychologische Einteilungen gibt es unendlich viele und nach den verschiedensten Kriterien. Ohne gewisse Gewaltsamkeiten geht es bei keiner von ihnen ab, da die Fülle des Lebens sich schematischer

Regulierung entzieht. Als wichtigste Klassifizierungsfaktoren spielt die Verschiedenheit der Beweggründe und die graduelle Stärkung und Steigerung der Disposition des Verbrechers zur Tat eine Rolle.

Zur ersteren Art gehört etwa die Typenbildung nach den „Affekten“, die Wulffen in seiner Kriminalpsychologie gibt. Man hat (vgl. Heindl, Berufsverbrecher) gegen solche sich im Rahmen einer oberflächenhaften Beurteilung seelischer Faktoren haltenden Einteilungen, meines Erachtens zu Unrecht, den Vorwurf erhoben, daß sie auf dem Boden platter Romanpsychologie stünden. An Wert für die praktische Orientierung braucht das Oberflächenhafte dem aus seelischen Tiefenschichten zutage Geförderten nicht nachzustehen. Gröbste Einteilungsprinzipien können sich oft als fruchtbar erweisen. Wenn Schiller in seinem bekannten Verse Hunger und Liebe als Grundmotive des menschlichen Lebens überhaupt hinstellt, so charakterisiert er, insofern damit Nahrungs- und Erwerbsstreben und Sexualtrieb gemeint sind, auch das Gebiet der Kriminalität zwar nicht erschöpfend (er selber hat einen Aufsatz über den „Verbrecher aus verlorener Ehre“ geschrieben), aber doch in der großen Masse ihrer Erscheinungsformen.

Eine Einteilung der Verbrecher nach der Stärke ihrer Disposition zur Tat, ist die von Aschaffenburg. Dieser unterscheidet: Zufallsverbrecher, Gelegenheitsverbrecher, Vorbedachtsverbrecher, Rückfallsverbrecher, Gewohnheitsverbrecher, Berufsverbrecher. Unter Vorbedachtsverbrecher versteht er den Kriminellen, der nicht durch die Gelegenheit verführt wird, sondern sie erst schafft. Dieser Begriff umfaßt auch die ihm nachfolgenden Gruppen mit.

Von Lißt begnügt sich mit einer Dreiteilung in Augenblicksverbrecher, besserungsfähige Zustandsverbrecher und Unverbesserliche.

Heindl beschränkt sich auf die Zweiteilung von Gelegenheitsverbrecher und Berufsverbrecher. Den Begriff des Gewohnheitsverbrechers lehnt er ab, da diese Art von Kriminellen nicht automatisch und gedankenlos, sondern aus bewußtem Gewinnstreben heraus zu handeln pflege. Hierzu ist übrigens zu bemerken, daß bei manchen Arten versierter Berufsverbrecher, etwa dem Fassadenkletterer oder dem zu technischen Höchstleistungen befähigten Taschendieb außer dem Gewinnstreben auch gewisse sportliche Motive mitsprechen mögen.

Mezger weist darauf hin, daß man auch von gewohnheitsmäßigen Gelegenheitsverbrechern reden könne, insofern es Delinquenten gibt, die sich gewohnheitsmäßig durch günstige Gelegenheiten verführen lassen.

Ein fesselndes, dem soziologischen Felde angehörendes Bereich bildet die Charakterisierung der sich aus der Verschiedenheit der einzelnen strafrechtlichen Delikte ergebenden Verbrecherarten, von denen natürlich jede unter sich k e i n e psychologische Einheit ergibt, und ihrer der kriminalistischen Wirklichkeit entnommenen Untergruppierungen, also etwa: der Mörder (Raubmörder, Lustmörder usw.), der Diebe (Ladendiebe, Taschendiebe usw.), der Erpresser, der Falschmünzer, der Sittlichkeitsverbrecher. Hier handelt es sich aber bereits um kriminologische Spezialthemen, die wir in unserer Übersicht übergehen müssen.

Bei der Erfassung soziologischer Zusammenhänge ist die Kriminologie in weitem Maße auf die S t a t i s t i k angewiesen. Seit 1882 gaben das Reichsjustizamt und das Statistische Reichsamt in Berlin gemeinsam die Reichskriminalstatistik heraus, die im Statistischen Jahrbuch des Deutschen Reiches veröffentlicht wurde. Das Urmaterial der Statistik bilden die Zählkarten, die für jeden Einzelfall von der mit ihm befaßten Amtsstelle angelegt werden.

Die Statistik faßt verhältnismäßig gleichartige Gegenstände (statistische Einheiten) zusammen. Das Gleichartigkeitsmerkmal variiert dabei und unterliegt der jeweiligen Auswahl. Der Statistiker bewirkt die „Ausgliederung“ der Massen nach verschiedenen Gesichtspunkten. Statistische Zahlen sind in den für die Kriminologie in Frage kommenden Zusammenhängen nur aufschlußreich, wenn sie auf die Quantität der den Ermittlungen zugrundeliegenden Bevölkerung bezogen werden. Daher ist in der Kriminalstatistik, neben den absoluten Zahlen, die „Kriminalitätsziffer“, d. h. die Beziehung der für einen bestimmten Zeitabschnitt festgestellten Tätermasse zu 100 000 der strafmündigen Bevölkerung, enthalten. Aus den Zahlenergebnissen wird das statistische Schaubild geformt, das entweder Kurven, Stäbchen oder Flächen darstellt. Statistik ist für soziologische Forschungen von grundlegender Wichtigkeit, muß aber mit Vorsicht verwertet werden.

Auf den inneren Zusammenhang statistisch beobachteter Tatsachen darf nur dann geschlossen werden, wenn immer wieder die gleichen Beziehungen zu beobachten sind und kritische Prüfung die Ursächlichkeit bejaht. Auch muß sich der auf Grund von Statistik arbeitende Forscher von tendenziöser Auswertung fernhalten.

Die Kriminalstatistik beruht auf tatbestandsmäßig-juristischer Erfassung der Einzelfälle, nicht auf Festlegungen psychologischer oder frei gewonnener soziologischer Beobachtungen. Daraus ergeben sich für die Auslegung leicht Fehlerquellen. Eine Sittlichkeitsverletzung kann z. B. statistisch als Beleidigung erscheinen. Die Möglichkeit von Unrichtigkeiten folgt ferner aus der Masse der nicht entdeckten oder unangezeigt gebliebenen Fälle, sowie aus Schwankungen im Funktionieren der Strafverfolgungsbehörden und ähnlichen Momenten. Trotzdem zeitigt die statistische Methode in weitem Maße zahlenmäßige Verhältnisse, die in langen Zeitabschnitten gleich bleiben. Die Statistik beruht auf dem Gesetz der großen Zahl und ist, soweit die Kriminalstatistik in Frage kommt, die „repräsentativ bedeutsame Teilerfassung einer Massenerscheinung“ (Aschaffenburg).

Da das der Statistik innewohnende schematische Moment zu Verzeichnungen führen kann, sowie wegen der sonstigen Fehlermöglichkeiten, bedarf sie des Ausgleichs durch individuelle Einzelbeobachtung kriminologischer Gegebenheiten. Von unschätzbarem Wert sind die zum Teil meisterhaften, auch kulturgeschichtlich bedeutsamen Darstellungen großer Kriminalfälle wie sie im Alten und im Neuen Pitaval, bei Feuerbach und in ähnlichen Sammlungen enthalten sind. Aber auch die Analyse einzelner charakteristischer Alltagsfälle liefert beachtliches Material. Beide Gesichtspunkte sind im „Archiv für Kriminologie“ gewahrt worden. Fruchtbar ist der Gedanke von Walter Luz, in seinen beiden Werken kriminologische Fragen in schriftlichen Darstellungen durch den Verbrecher selber beantworten und behandeln zu lassen. Manche dieser Auslassungen lassen hohe Intelligenz und bewundernswerte Treffsicherheit erkennen. Allerdings kann man auch hier die Beobachtung machen, daß Wissen und Handeln bei der kriminellen Persönlichkeit oft in schroffem Gegensatze stehen. Schlaglichtartig werden dabei Erscheinungen, die auf der Bahn zum Verbrechen von Wichtigkeit sind (oder damals waren) und sich statistisch nicht erfassen lassen, beleuchtet, z. B. Studentenverhältnisse junger Dienstmädchen, Schreckung der Kinder mit dem schwarzen Mann, Einfluß der Zotenerzählungen in Gefängnissen, Zerrüttung der Nerven durch Onanie oder Zigaretten, Verbot des Elternhauses für den entgleisten Sohn, Empörung über kapitalistische Ausbeutung, Bordellbesuch junger Burschen, soziale Verachtung Rückfälliger. („Denn was ist unser größter Schmerz? Doch der, daß wir in eine Welt verpflanzt wurden, in die wir gar nicht wollten, daß wir in Verhältnissen stehen, für die wir gar nicht können, daß wir den enervierenden Weltangstschrei unserer bewegten Menschenbrust in eine Umgebung hinausstoßen, wo lauter taube Ohren sind.“) Ein Material, das diese auf Anregung des kriminologischen Forschers, der von Beruf Pfarrer ist, geschriebenen Selbstdarstellungen an Reichtum der Gesichtspunkte und Ursprünglichkeit der Äußerung fast noch übertrifft, sind die der Kontrolle des Staatsanwalts oder Richters unterliegenden Briefe der Untersuchungsgefangenen. Aber ihre Auswertung ist schwierig. Sie müssen im Drang der Geschäfte schnell expediert werden. Außerdem ist die Berechtigungsfrage immerhin problematisch. Eine vorsichtige Verwendung findet sich in Buerschapers „Soziale Strafrechtspflege“ Seite 115 ff.

Der Aufschwung kriminologischer Studien, in der zweiten Hälfte des 19. Jahrhunderts, der in Deutschland mit dem Namen v. Lißt, Aschaffenburg und anderen

Forschern, in Frankreich mit der sogenannten Lyoner Schule verbunden war, führte dazu, der soziologischen Verbrechensauffassung, namentlich unter dem Gesichtspunkt der Sozialpolitik als Mittel zur Bekämpfung der Kriminalität, mehr und mehr den Vorrang gegenüber denjenigen Theorien, die den Schwerpunkt auf die individuelle Veranlagung des Individuums legen, zuzuerkennen. v. Lißt hebt immer wieder hervor, daß das Verbrechen wie Selbstmord, Kindersterblichkeit und alle übrigen sozialpathologischen Erscheinungen in den die aufeinanderfolgenden Geschlechter bestimmenden gesellschaftlichen Verhältnissen seine tiefste Wurzel hat. Dem Begriff der Kollektivschuld der Gesellschaft wird ausschlaggebende Bedeutung beigelegt. Die Gesetzgebung, die durch die strafrechtlichen Bestimmungen den juristischen Tatbestand des Verbrechens geschaffen hat, soll zugleich die Instanz sein, durch sozialpolitische Maßnahmen auf die Minderung und Behebung der Kriminalität im Rahmen des Möglichen hinzuwirken. Eine besondere Veranlagung zur Begehung von strafbaren Handlungen gebe es nicht, sondern es hänge von den äußeren Verhältnissen, von den Lebensschicksalen in ihrer Gesamtheit ab, ob die Störung des seelischen Gleichgewichts zum Selbstmord, zum Wahnsinn, zu schweren Nervenleiden, zu körperlichen Krankheiten, zu unstetem Lebenswandel oder zum Verbrechen führe. Die Eigenart des Täters interessiere nur bei der Betrachtung des Einzelfalles; bei der Beobachtung des Verbrechens als Erscheinung des gesellschaftlichen Lebens kämen nur die gesellschaftlichen Faktoren in Betracht; so dominiere schließlich die soziologische Verbrechensauffassung.

Von Kriminologen der Lyoner Schule ist der Verbrecher mit einem Mikroben und die ihn umgebenden Verhältnisse mit einem Medium, in dem er gezüchtet wird, verglichen worden. Die Auslegung des Verbrechens als Funktion der Gesellschaftsordnung erhält ein starkes Argument, wenn wir beobachten, daß bei sozialen Zusammenbrüchen, wie wir sie erlebt haben, Bevölkerungsschichten, die sich vorher normalerweise der Kriminalität fernzuhalten wußten, in steigendem Maße dem Verbrechen verfielen.

Auf der soziologischen Verbrechensdeutung fußt auch die kriminologische Auffassung des Marxismus, der von der Erkenntnis ausgeht, daß für alle gesellschaftlichen Erscheinungen die Produktionskräfte der Entwicklungsstufe und die daraus hervorgegangenen Produktionsverhältnisse maßgebend sind. Das Recht wird dabei zum ideologischen Überbau gerechnet, wie er in der berühmten Formulierung von Karl Marx umschrieben wird:

„In der gesellschaftlichen Produktion ihres Lebens gehen die Menschen bestimmte notwendige, von ihrem Willen unabhängige Verhältnisse ein, Produktionsverhältnisse, die einer bestimmten Entwicklungsstufe ihrer materiellen Produktivkräfte entsprechen. Die Gesamtheit dieser Produktivkräfte bildet die ökonomische Struktur der Gesellschaft, die reale Basis, worauf sich ein juristischer und politischer Überbau erhebt und welcher bestimmte gesellschaftliche Bewußtseinsformen entsprechen. Die Produktionsweise des materiellen Lebens bedingt den sozialen, politischen und geistigen Lebensprozeß überhaupt. Es ist nicht das Bewußtsein der Menschen, das ihr Sein, sondern umgekehrt das gesellschaftschaftliche Sein, das ihr Bewußtsein bestimmt. Mit der Veränderung der ökonomischen Grundlage wälzt sich der ganze ungeheure Überbau langsam oder rascher um. In der Betrachtung solcher Umwälzungen muß man stets unterscheiden zwischen der materiellen, naturwissenschaftlich treu zu konstatierenden Umwälzung, den ökonomischen Produktionsbedingungen und den juristischen, politischen, religiösen, künstlerischen oder philosophischen, kurz ideologischen Formen, worin sich die Menschen dieses Konfliktes bewußt werden oder ihn ausfechten."

Durch seine Abhängigkeit von der Rechtsordnung ist das Phänomen des Verbrechens mit diesem ideologischen Überbau auf das engste verbunden. Andererseits geht es, wie gerade die kriminologischen Studien beweisen, nicht völlig im Rechtlichen auf, sondern gehört unmittelbar den Lebensverhältnissen an. Das Verhältnis des Verbrechens zum Begriff des ideologischen Überbaus zu klären, dürfte eine interessante Aufgabe marxistischer Rechtsphilosophie bilden.

Kriminologische, soziologische, psychologische Forschungen des 20. Jahrhunderts, die eine immer weiter gehende Verfeinerung der anzuwendenden Kategorien und Begriffe mit sich brachten, haben schließlich mehr und mehr dazu geführt, in der Gegenüberstellung von Anlage und Milieu mehr einen methodischen Ansatzpunkt als einen sachlichen Gegensatz zu erblicken. Anlage und Milieu beeinflussen sich nämlich gegenseitig. Die angeborene Veranlagung des Verbrechers ist zum großen Teile das Produkt soziologischer Zustände, die vor seiner Geburt lagen, und neben der angeborenen gibt es auch eine im Lauf des Lebens erworbene Anlage, die durch Schicksale und Umwelteinflüsse gewonnen wird. Und umgekehrt sind Milieu und Umwelt von der Persönlichkeit und ihrer Veranlagung nicht unabhängig. Die Milieueinflüsse sind nichts Objektives, sondern hängen in weitem Maße davon ab, wie sich das Individuum selbst seine Umwelt auslegt und ausdeutet, und in welcher Richtung und welchem Ausmaße es sich von den äußeren Faktoren seines Lebenskreises beeinflussen läßt. Auch schafft sich der Mensch auf Grund seines Charakters bis zu einem hohen Grade das Milieu selber. Er verarbeitet es nach Art eines „Rohstoffes". Man hat hier den Ausdruck „Milieuprovokation" geprägt.

Zur Charakterisierung dieser und anderer Zusammenhänge spricht Franz Mezger von einer dynamischen Verbrechensauffassung. Diese begnügt sich nicht mit der Feststellung des gewissermaßen starren und unbewegten Vorhandenseins einzelner kriminologisch bedeutsamer Gegebenheiten, sondern legt den Akzent auf das aus der Wirkungsweise dieser Faktoren hervorgehende Kräftespiel. Das Leben des Verbrechers in seiner zeitlichen Totalität, seiner „Lebenskurve" wird dabei berücksichtigt. Insbesondere spielt dabei der Begriff der latenten, d. h. nur der Anlage nach vorhandenen, infolge äußerer Umstände aber nicht zum Zuge kommenden Kriminalität eine Rolle.

Auch streiten sich im Individuum oft gegensätzliche Persönlichkeitskomponenten. Die ererbten Eigenschaften beider Elternteile wirken gegebenenfalls in verschiedener Richtung. Zentrale Eigenschaften eines Vorfahren rücken an die Peripherie und umgekehrt (Hans Hofmann. Das Problem des Charakteraufbaus. 1926). Der gleiche Erscheinungstypus kann anlagemäßig verschiedene Ursachen haben. Die einzelnen Anlagen beeinflussen sich gegenseitig, wobei der psychische Mechanismus der Überkompensation, den wir bei der Besprechung der Adlerschen Individualpsychologie kennenlernten, eine Rolle spielt. Dabei ist auch die kompensierende „Maske" anlagemäßig bedingt. Der Charakter kann scharfe Gegensätzlichkeiten aufweisen, wie Brutalität und weichliche Gutmütigkeit. Der Schwerverbrecher ist oft in gewisser Beziehung ein guter Familienvater. Das Bild der Persönlichkeit variiert zu den verschiedenen Lebenszeiten. Hans Hofmann kennzeichnet den Charakter als bewegtes Drama.

Die hier erörterten Zusammenhänge sind nicht spezifisch kriminologisch, sondern eröffnen Einblicke in die Struktur der Persönlichkeit und der menschlichen Existenz überhaupt. Aber gerade die Erforschung der Verbrecherpersönlichkeit dürfte sich zufolge der hier vorhandenen Drastik und Handgreiflichkeit als ein besonders fruchtbares Feld für die in dieser Richtung zu gewinnenden psychologischen, soziologischen und philosophischen Einsichten erweisen.

Unter soziologischem Gesichtspunkt ist das Verbrechen nicht nur wegen des Einflusses gesellschaftlicher Verhältnisse auf den Verbrecher, sondern auch in umgekehrter Richtung durch die W i r k u n g d e r K r i m i n a l i t ä t a u f d i e G e s e l l s c h a f t von Bedeutung. Abgesehen von der Kostenfrage und dem Apparat der Behörden und Anstalten, die seiner Bekämpfung dienen, wird man feststellen müssen, daß sich die Auswirkungen der Kriminalität in der Hauptsache in Einzelfälle und Einzelschicksale zersplittern und schwer kollektiv zu erfassen sind, womit nicht gesagt sein soll, daß nicht auch auf diesem Gebiete zum mindesten die Statistik gewisse bemerkenswerte Tatsachen zu konstatieren in der Lage wäre.

Fruchtbar für eine Wesensschau des Verbrechens ist vor allem die geistige Einstellung der Gesellschaft zum Täter. Allbekannt und gewissermaßen volkstümlich ist der schon erwähnte Gesichtspunkt, daß die Ablehnung der Vorbestraften neue Straftaten hervorruft. Die Strafentlassenenfürsorge übt in diesem Zusammenhange eine bedeutsame Funktion aus. Andrerseits wäre es auch vom Übel, wenn das Distanzgefühl völlig verloren ginge. Dies soll nach dem Bericht von Heindl in der (nach Pressenotizen 1946 aufgelösten) französischen Strafkolonie Guyana der Fall gewesen sein, wo bedenkliche Verbrüderungen der dort angesiedelten Sträflinge mit der freien Kolonistenbevölkerung an der Tagesordnung gewesen seien.

Die in Verurteilung und Strafvollzug sich äußernde Reaktion des Gemeinschaftskörpers auf die Straftat bringt Eingriffe in das Schicksal des Verbrechers von seltener Härte mit sich. Es ist ein bewegendes Schauspiel, wie das Bewußtsein der Öffentlichkeit durch diese Tatsache gewissermaßen beunruhigt wird oder wenigstens den Drang zu einer Rechtfertigung vor sich selber verspürt. Das öffentliche Gewissen reagiert gegen Fehlurteile der Strafjustiz mit besonderer Empfindlichkeit. (Vgl. den Roman von Wassermann „Der Fall Maurizius"). Verurteilungen Unschuldiger (Fall Dreyfuß in Frankreich) setzen die Gemüter in stärkste Wallung. Grundlegende Strafrechtsfragen wie das zugleich auch methaphysisches Gebiet berührende Problem der Todesstrafe worden — oder wurden wenigstens, bevor die Zeitereignisse die Existenz zu bedrohen begannen und diese Fragen in den Hintergrund drängten — mit dem Bewußtsein, daß sie jeden einzelnen unmittelbar angehen, erörtert. Die psychoanalytische Lehre weist darauf hin, daß gerade auf kriminalistischem Gebiet das Gefühl der Gerechtigkeit zu den Grundlagen der Gesellschaft gehört und seine Verletzung auf die Gemeinschaft zersetzend wirkt.

Daneben hat allerdings die Beschäftigung der Öffentlichkeit mit dem Kriminellen noch eine andere Seite. Der Begriff des „Sensationellen“ spielte in den Vorkriegszeiten bei der Beachtung gewisser Kriminalfälle eine psychologisch nicht ganz leicht zu deutende Rolle. Die primitivsten Volksschichten fühlten sich in den Wachsfigurenkabinetten durch die Gestalten berühmter Verbrecher (wie der Mörderin Grete Beyer) angezogen, und in früheren Epochen waren Hinrichtungen mit Volksfestlichkeiten verbunden. Tiefenpsychologische Forschung vertritt die Ansicht, daß dabei gewisse sadistische Ur-Instinkte, die durch die soziale Anpassung des Menschen in das Unterbewußtsein verdrängt wurden, zu Durchbruch und Ersatzbefriedigung gelangen, wie es ähnlich beim Krieg und den spanischen Stiergefechten sowie den Gladiatorenkämpfen (Circenses) der Römischen Kaiserzeit der Fall ist.

Bei dem Interesse der Öffentlichkeit für Kriminalfälle kann sogar die Konstellation eintreten, daß das Gefühl des Sensationellen in dem umschriebenen Sinne, mit dem Gesichtspunkt der Gewissensrechtfertigung eine psychologisch komplizierte Paarung eingeht. Schließlich ist in diesem Zusammenhang zu erwähnen, daß große Verbrecher und bedeutende Kriminaltaten in Gipfelleistungen dichterischer Weltliteratur behandelt sind.

VI.

Rechtstheoretischer Überbau.

Auch die Beurteilung, die Verbrechen und Strafe im Lichte einer rechtstheoretischen (d. h. Wesen und gedankliche Grundlage rechtlicher Erscheinungen unter allgemeinem Gesichtspunkt erläuternden) Betrachtungsweise erfahren, ist zum mindesten in ihren Ansatzpunkten als zur Kriminologie gehörend anzusehen.

Dabei kommt den sogenannten Straftheorien Bedeutung zu. Als Straftheorie wird eine Lehre bezeichnet, die sich damit beschäftigt, aus welchen Gründen oder zu welchen Zwecken die Einrichtung der Strafe in der menschlichen Gesellschaft vorhanden ist. Eine ganze

Reihe solcher in etwas zu gewichtiger Ausdrucksweise als Theorien bezeichneten Begründungssätze sind aufgestellt worden.

Die hauptsächlichsten sind die Vergeltungstheorie, die Täterabschreckungstheorie (Spezialprävention), die Volksabschreckungstheorie (Generalprävention), die Besserungstheorie, die Sicherungstheorie. Die Auffassung vom Wesen der Strafe sowie den Gründen und Zwecken ihres Vorhandenseins befindet sich seit langem in einer noch nicht zur vollen Stabilisierung gelangten Umschmelzung. Die herkömmlichen Straftheorien vermögen nicht mehr recht zu befriedigen. Bedenkenerregend ist von vornherein, daß sie in der Mehrzahl auftreten. Die Vergeltungstheorie will durch die Strafe Gleiches mit Gleichem vergelten. Die Auferlegung des Nachteils soll als ein Ausgleich erscheinen, soll die im Gleichgewicht zwischen Schuld und Strafe bestehende Reaktion auf das Verbrechen darstellen. Die Vergeltung bestimmt die Strafe ohne Rücksicht auf Strafzwecke, lediglich aus der Verhältnismäßigkeit (Proportionalität) zwischen Verbrechen und Strafübel. Das Verbrechen an sich ist für den Vergeltungsgedanken zureichender Grund der Strafe.

Im Gegensatz zur Vergeltungstheorie sehen die beiden Abschreckungstheorien in der Strafe ein auf Zwecke gerichtetes Gebilde.

Die Täterabschreckungstheorie will strafen, um den Täter durch den Ausblick auf das zu gewärtigende Übel von Begehungen abzuhalten. Die Volksabschreckung will durch die Strafe des Schuldigen die Bevölkerung von Begehung zurückschrecken. Die Betonung liegt hier auf der Androhung der Strafe im Gesetz, sowie auf dem Bekanntwerden der Verurteilungen und Vollstreckungen. Die Bestrafung im Einzelfalle hat lediglich die Aufgabe, die Ernstlichkeit der Strafe darzutun.

Die Besserungstheorie hat es mit der Täterabschreckungstheorie gemeinsam, daß beide durch die Bestrafung die erneute Straffälligkeit abwenden wollen. Aber während dies bei der Täterabschreckungstheorie eben durch die Schreckung des Täters erzielt werden soll, will die Besserung veredelnd auf die Seelenverfassung einwirken, so daß der Täter auf Grund seines nunmehr veränderten moralischen Zustandes die neue Begehung „von sich aus“, d. h. aus Gründen, die vom Schreckmoment nicht abhängen, unterläßt. — Die Besserung kann dabei entweder auf Straferziehung oder auf Strafläuterung gerichtet sein. Der Straferziehung ist die Strafe gewissermaßen nur ein Anlaß, sich der Person zu bemächtigen, um mit Erziehungsmaßnahmen, denen ein innerer Bezug zur Strafe nicht notwendig anzuhaften braucht, moralisch bessernd einzuwirken. Bei der Strafläuterung dagegen ist die Beziehung zwischen Strafübel und Läuterung gedanklich intimer. Das Zwischenglied „Erziehung“ wird hier fallen gelassen, und es liegt der Vorstellung zugrunde, daß Leid läutere.

Die Straftheorie der Sicherung will weder durch Setzung schreckender Beweggründe, noch durch sonstige seelische Einwirkung Straftaten verhindern, sondern dieses Ziel durch Anwendung absoluter Gewalt erreichen, insofern sie nämlich den gefährlichen Täter etwa durch Mittel wie die Sicherungsverwahrung physisch, nicht nur psychisch außerstand setzt, in der bisherigen Weise gegen das Gesetz zu handeln. Solche Sicherungsmaßnahmen werden von der Theorie nicht zur eigentlichen Strafe gerechnet, wirken sich aber, soweit der Täter strafrechtlich verantwortlich ist, genau so aus. Die Differenzierung erscheint im Grunde genommen doktrinär. Andererseits ist es zutreffend, wenn Friedrich Förster, der bekannte Pazifist, dessen Werk „Schuld und Sühne“ eine Reihe besonders wohlgelungener straftheoretischer Formulierungen enthält, den Unterschied der Strafe von der Sicherung darin erblickt, daß jene im Gegensatz zu dieser, gleichviel unter welchem Gesichtspunkt, den „Verkehr der Gesellschaftsordnung mit einem verirrten Gewissen“ darstelle.

Keine der angeführten Straftheorien ist imstande, das Wesen der Strafe in seiner Totalität, in der ganzen Reichhaltigkeit seiner Auswirkungen zu erfassen. Der unvoreingenommene Strafrechtspraktiker vermag mit diesen Theorien bestenfalls nichts anderes anzufangen, als aus ihnen die Erkenntnis herzuleiten, daß für den einzelnen Fall bald diese, bald jene Theorie geeigneter sei, insofern bald mehr der Vergeltungs-, bald der Sicherungs-, bald mehr der Gesichtspunkt einer der beiden Abschreckungstheorien oder der Besserungsgesichtspunkt hervortrete. Aus dieser Tauglichkeitsspezialisierung der Straftheorien ergibt sich aber erst recht, daß keine von ihnen das Wesen der Strafe erschöpfend bloßlegt, sondern daß die hier zur Geltung erhobenen, einander widersprechenden Beurteilungsgesichtspunkte sich für eine erschöpfende Auslegung des Sinngehaltes der Strafe letzten Endes als unzulänglich erweisen, daß jeder von ihnen nur eine eingeschränkte Bedeutung zuerkannt werden kann.

Eine umfassendere, dem wirklichen Wesen der Strafe in höherem Maße gewachsene Auffassung scheint erzielbar, wenn man die Strafe als eine spontane und unerläßliche Funktion des sozialen Gemeinschaftskörpers auffaßt und sie als mitenthalten in der Machtaufbietung im Dienste der vom Gemeinschaftskörper emporgestellten Wertordnung ansieht. Strafen ist eine besonders wirksame Weise des Realmachens der Gemeinschaftswerte und des mit diesen verbundenen Gemeinschaftskörpers selbst. Die Realität der Gemeinschaftsordnung äußert sich auch in ihrer Strafbereitschaft. Der Mensch steht nicht nur seelisch, sondern vor allem auch äußerlich in der Gemeinschaft. Diese tritt, sofern er sich in seinem Verhalten von ihren Normen löst, mit dem Anspruch der Korrektur an ihn heran und zeigt sich entschlossen, auf sein Verhalten mit den äußersten Mitteln zu reagieren. Die Strafe als eine Funktion der Gemeinschaftsordnung und der Bewährung der vom Gemeinschaftskörper vertretenen Wertordnung kann als eine den Schuldigen aus der Teilhabe an den von der Gemeinschaft repräsentierten Lebenswerten ausstoßende Maßnahme gemeint sein, oder sie kann sich darauf richten, durch die Bestrafung das weitere Zugehörigbleiben des Schuldigen zur Gemeinschaft gerade erst zu ermöglichen. Es gibt also in diesem Sinne sühnbare und unsühnbare Vergehungen. Die Abgrenzung zwischen beiden ist oft nicht in voller Schärfe durchführbar.

Selbst der Gesichtspunkt der begrenzten oder unbegrenzten Verhängung des Strafübels führt zu keiner ganz scharfen Scheidung. Die Verschiedenheit der Tendenzen beider Arten von Strafmaßnahmen leuchtet aber ohne weiteres ein. Das hohe Ziel der Strafgerichtsbarkeit ist es, soviel wie möglich, Straffällige dem Gemeinschaftsleben wieder einzugliedern. Aber durch die Schwere mancher Straftaten und die Verworfenheit mancher Verbrecher sind diesem Streben gewisse unübersteigbare Schranken gesetzt.

In der richterlichen Strafzumessung wirkt der aus der Praxis der Jahrhunderte emporgestellte gedankliche Überbau der Straftheorien wieder auf die Wirklichkeit des Tages zurück. Das Gesetz gibt weitgehend nur den durch die angedrohten Höchst- und Mindeststrafen entstehenden Strafrahmen, innerhalb dessen der Richter das Maß für den konkreten Einzelfall nach eigenem Ermessen zu bestimmen hat. Diese Feststellung des Strafmaßes ist aber nicht, wie man behauptet hat, ganz auf die Subjektivität des Richters abgestellt, sondern beruht auf gewissen traditionellen Maßstäben, die sich zum mindesten für die Dauer einer gesellschaftlichen Zeitsituation mit großer Deutlichkeit herausbilden und in weitergehendem Maße, als es der Fernerstehende annimmt, in gewissen Grenzen eine objektive Grundlage auch für diesen Teil der gerichtlichen Tätigkeit darzubieten.

In engem Zusammenhang mit den Strafrechtstheorien ist vielfach die für das Verbrechen in seiner Eigenschaft als menschliche Handlung bedeutsame Frage nach der Willensfreiheit gebracht worden. Dieses Problem hat zunächst seinen Sitz auf philosophischem Gebiete. Es ist ein durchgängiges Prinzip unseres Denkens, daß alles, was geschieht, so vollständig von Ursachen bestimmt ist, daß es so, wie es eintritt, geschehen mußte und nicht anders, als es geschah, eintreten konnte. (Nihil fit, quod non habeat rationem, cur potius fiat quam non fiat).

Diesem Grundsatz steht aber bei menschlichen Handlungen, obwohl auf diese die Beweggründe (Motive) des

Handelns bestimmend einwirken, das Gefühl der freien Entschließung und der Verantwortung gegenüber. Auch das Gefühl der Schuld wäre logisch gegenstandslos, wenn die Handlung mit Notwendigkeit aus schon vorher gegebenen, in gleicher Weise wieder ursächlich bestimmten Ursachen hervorginge. Die Willensfreiheit würde eine vorgängige Unbestimmtheit (wenigstens im Sinne nicht völliger Bestimmtheit) des Handelns voraussetzen. Dieser Widerspruch bildet eines der großen Themen des philosophischen Denkens. Kant suchte eine Lösung dadurch herbeizuführen, daß er zwischen der unserm sinnenhaften Wahrnehmungsvermögen entgegentretenden Erscheinungsform der Wirklichkeit und dem ihr als metaphysische Basis zugrundeliegenden Ding an sich unterschied und die Gesetze menschlichen Denkens, darunter auch die Ursächlichkeitskategorie, nur auf die Welt der Erscheinungen für anwendbar erklärte. Diese These hat lange Zeit großen Einfluß ausgeübt und ist auch jetzt noch von erheblicher Bedeutung.

Naturwissenschaftler verweisen darauf, daß in der Atomphysik das Ursächlichkeitsprinzip nicht aufrechterhalten werden könne, sondern sich dort lediglich als eine Norm von statistischer Geltung im Sinne des Gesetzes der großen Zahl, wonach also der Einzelfall zwar unbestimmt, der Ausfall der großen Menge der Fälle aber von vornherein festgelegt ist, herausstelle. Auch hieraus hat man Schlüsse zugunsten der Möglichkeit der Willensfreiheit herleiten zu können geglaubt. Es ist demgegenüber der Einwand erhoben worden, (ob zu Recht oder Unrecht, bleibe dahingestellt), daß das Gesetz der großen Zahl die Geltung des Ursächlichkeitsprinzips gerade zur Voraussetzung habe.

Neuere philosophische Anhaltspunkte haben in steigendem Maße den Gedanken nahegelegt, daß die Grundzüge der Welt und der menschlichen Existenz, logisch nicht restlos auflösbar sind, sondern daß gewisse untilgbare Widersprüche (Antinomien) mit die Fundamente bilden, auf denen die Struktur unserer Wirklichkeit beruht, und lediglich als Gegebenheiten zu konstatieren sind. Hierzu wäre auch die Unvereinbarkeit der Willensfreiheit mit dem Prinzip durchgängiger ursächlicher Bestimmtheit zu zählen.

Das Problem selber gehört zur Philosophie, aber es ist in seiner Auswirkung von erheblicher rechtstheoretischer Bedeutung, insofern die Frage zu beantworten ist, ob der Sinn der Strafe eine Lösung und Entscheidung in einer der beiden Richtungen voraussetzt. Dies ist zu verneinen. Die Strafe behält sowohl bei deterministischer, wie indeterministischer Auffassung, also sowohl bei Ablehnung wie bei Bejahung der Willensfreiheit, ihre Berechtigung. Jedoch stehen einzelne der Straftheorien ihrer Artung nach jeweils dem Gedankenkreis des Determinismus oder des Indeterminismus näher.

Die Präventionstheorien und die Besserungstheorie legen den Akzent auf die ursächliche Bestimmung des Willens durch Beweggründe, stehen aber dadurch nicht im Gegensatz zur Annahme der Willensfreiheit: denn auch diese hat das der Entschließung vorgängige Kräftespiel der Motive zur Voraussetzung. Die reine Vergeltungstheorie kann allerdings ohne die dem indeterministischen Gedankenkreis entnommenen Begriffe der Verantwortung und Schuld nicht auskommen. Aber das zum mindesten im Bewußtsein vorhandene Gefühl der Verantwortlichkeit und seine praktische Wirksamkeit im menschlichen Leben kann ja auch der Determinismus nicht leugnen. Auch der Gesichtspunkt der Vergeltung setzt also eine Entscheidung der metaphysischen Streitfrage zugunsten der Willensfreiheit in rechtstheoretischer Hinsicht nicht voraus, zumal die Vergeltungstheorie heute zumeist in der den Gegensatz zwischen Vergeltung und Zweckgedanken überwindenden Formulierung, daß gerade die äquivalente Abmessung zwischen Schuld und Strafe den Zwecken der Verbrechensverhütung am besten diene, geboten wird. Wollte man allerdings den Vergeltungsgedanken in der Strafgerichtsbarkeit nicht rechtstheoretisch, sondern metaphysisch auslegen, wie Kant dies tut, der die These verfochten hat, daß, wenn die Menschlichkeit unmittelbar vor ihrer Vernichtung stünde, und noch ein Mörder vorhanden sei, dessen Hinrichtung noch nicht vollzogen sei, dieser zur Bewahrung der Würde des Menschengeschlechtes erst noch seiner Bestrafung entgegengeführt werden müßte, so müßte man dabei doch wohl die Bejahung der Willensfreiheit im philosophischen Sinne zugrundelegen. Aber derartige Erwägungen spielen auf dem von uns beschäftigenden Gebiete weder praktisch noch theoretisch eine Rolle.

Einen interessanten Beitrag zum Problem des Determinismus oder der Willensfreiheit liefert die Psychiatrie. Der Pariser Nervenarzt Charcot berichtet, daß die meisten Nervenkranken sich an einen Augenblick erinnern könnten, wo sie sozusagen zwischen Krankheit und Gesundheit hin und her schwankten, wo sie fühlten, daß es von ihnen abhinge, sich zusammenzunehmen und durch Willensanstrengung das Zünglein nach der günstigen Seite ausschlagen zu lassen; zu ihrem Unglück hätten sie diese Anstrengung aber nicht über sich gebracht, und dann sei es unaufhaltsam bergab gegangen. Die Frage, nach welcher Richtung hin aus dieser Beobachtung Folgerungen zu ziehen sind, muß offen bleiben.

Die Psychoanalyse Siegmund Freuds hat eine besondere Willensfreiheitstheorie, die allerdings keine Lösung, sondern eine Verschiebung des Problems darstellt, herausgebildet, indem sie lehrt, daß die als freier Wille bezeichnete seelische Erscheinung in Wirklichkeit die bewußten seelischen Motive des Ich im Gegensatz zu den unbewußten bedeute.

Zum rechtstheoretischen Überbau des Verbrechens sind auch die in den letzten Jahrzehnten unter den Leitworten „Willensstrafrecht", „Täterstrafrecht" hervorgegangenen Bestrebungen zu rechnen. Beide Tendenzen berühren sich, sind aber nicht identisch und wirken sich in der Gesetzgebung und Rechtsprechung in verschiedenen Richtungen aus. Das Willensstrafrecht wird unter der Schlagzeile: „Nicht die Tat, sondern der verbrecherische Wille ist zu bestrafen", das Täterstrafrecht unter der Formulierung „Nicht die Tat, sondern der Täter", zusammengefaßt.

Beide stimmen dahin überein, daß sie dem durch die zur Aburteilung stehende Tat verwirklichten objektiven

Sachverhalt gegenüber einem anderen Faktor eine geringere Bedeutung als bisher beimessen wollen. Das Willensstrafrecht erblickt dieses an die erste Stelle zu setzende Moment im verbrecherischen Willen des Täters, das Täterstrafrecht in seiner Gesamtpersönlichkeit. Der Gedanke des Willensstrafrechts hat unter anderen die Konsequenz gehabt, daß das versuchte Verbrechen ebenso schwer wie das vollendete bestraft werden kann und daß nach der Praxis der Gerichte auch der Versuch mit untauglichen Mitteln oder am untauglichen Objekt (z. B. Abtreibungsversuche mit objektiv völlig ungeeigneten Stoffen oder an einer irrtümlich für schwanger gehaltenen Person) strafbar ist.

Das Täterstrafrecht erweist seine Wirksamkeit namentlich in der Behandlung des Rückfälligen und insbesondere des Gewohnheitsverbrechers, gegen den nicht nur ein verschärfter Strafrahmen, sondern auch die für unbestimmte Dauer vorgesehene Sicherungsverwahrung Platz greifen kann. Die Sicherungsverwahrung erweist sich als ein sehr wirksames Mittel der Verbrechensbekämpfung, stellt aber andrerseits einen ungeheuer weitgehenden Eingriff in die individuelle Sphäre des Täters dar. Sie wurde, nachdem sie vor 1933 in der Öffentlichkeit lebhaft diskutiert worden war, während des Hitlerreiches eingeführt, ist aber bisher nicht aufgehoben worden. Zu ihren Befürwortern gehörte Heindl; einer ihrer schärfsten Gegner war der hervorragende Strafrechtstheoretiker Karl Binding. Das Willensstrafrecht enthält an sich einen gesunden, im Zuge der Verfeinerung kriminaltheoretischer Begriffe liegenden Gedanken. Das „Dritte Reich“ bemächtigte sich dann seiner im Zusammenhang mit politischen Zwecken und spannte es in seine Propaganda ein. Es wäre verfehlt, das Willensstrafrecht deshalb ohne weiteres als diskredidiert anzusehen. Aber zur Zeit ist ihm gegenüber ein berechtigter Rückschlag in der Auffassung maßgebender Instanzen wahrzunehmen. Es ist anzuerkennen, daß seine Überspannung zu Ergebnissen führen kann, die dem volkstümlichen Billigkeitsempfinden nicht entsprechen.

VII.

Das Verbrechen in der Weltliteratur.

Daß das Verbrechen wegen der mit ihm verknüpften Hochspannung menschlicher Schicksale in der dichterischen Weltliteratur eine Rolle spielt, ist nicht nur von ästethischem, sondern auch von kriminologischem Interesse. Da die Eingebung des künstlerischen Genies letzten Endes auf intensivste Wirklichkeitserfassung gerichtet ist, kann eine Wesensschau des Verbrechens durch den Gedankengehalt bereichert werden, der den Verbrechen großer Dichtungen zugrundeliegt. Manche Wahrheiten, die einer wissenschaftlichen Betrachtungsweise erst später zugänglich wurden, sind in dichterischer Gestaltung voraus erschaut worden. Frühe Entwicklungsstufen in der Auffassung von Verbrechen und Strafe treten uns entgegen, die geeignet sind, den gegenwärtigen Horizont zu erweitern. Verschüttetes Geistesgut erweist sich nicht selten als lebensfähig. Eine auch nur annähernde Erschöpfung des Themas ist hier nicht möglich; es können nur vereinzelte Hinweise gegeben werden.

Das Beispiel eines archälischen, mit Uranfängen europäischer Gesittung verbundenen kriminologischen Denkens tritt uns in der „Orestie“ des griechischen Tragikers Äschylos entgegen. Ausgangspunkt ist der uralte, aber auch heute noch nicht überholte Gedanke vom Fluch der bösen Tat. Das unbefleckte Leben ist stets in Gefahr, aus spontaner Regung die Bahn des Verbrechens zu betreten. Und ist der Schritt zum Verfall erst einmal getan, so zeugt eine Untat die andere. Dem Verbrechen folgt die Rachetat, aber diese unterscheidet sich für jenes Denken zunächst nicht vom Verbrechen, sondern stellt auch wieder eine Handlung dar, die zur Rache herausfordert. Die Orestie des Äschylos kennzeichnet in der Entwicklung den Zeitpunkt, in dem an die Stelle der als neues Verbrechen geltenden Rache die sühnende Strafe tritt, die dem Rechtsgedanken dient und ihrerseits keiner Vergeltung bedarf. Während sich in der Seele des Muttermörders Orestes noch Kämpfe abspielen, ob er seine

Handlung als berechtigte Rachetat oder als grauenvolle Untat empfinden soll, setzt die Göttin Athene die Besten des Volkes zu vereidigten Richtern ein, deren Spruch über Schuld oder Unschuld endgültig entscheiden soll, und gründet damit für alle Zeiten die an Stelle der Blutrache tretenden Strafgerichte.

In den Ödipustragödien des Sophokles sehen wir, daß die Charakterisierung als Verbrechen sich ursprünglich rein an den äußeren Vorgang der Tat heftete, ohne auf die Frage des subjektiven Verschuldens irgendwie Rücksicht zu nehmen. Der Irrtum schloß die Schuld nicht aus. Im Geschick des Ödipus waltet eine „schuldlose Schuld". Ödipus, der als Kind in der Fremde erzogen wurde und seine Herkunft nicht kannte, hat, ohne es ahnen zu können, seinen Vater im Streit erschlagen und seine Mutter geheiratet. Nach Aufdeckung des wahren Sachverhalts ergreift ihn ein unersättliches Sühnebedürfnis und er beraubt sich selber des Augenlichts. Friedrich Wilhelm Förster (in „Schuld und Sühne") führt diese Tragödie als Beispiel für die Reinigungsfunktion der Strafe an und stellt sie dem Empfinden unserer Zeit gegenüber: „Vergleicht man einmal den Geist, der in den großen antiken Tragödien waltet, mit dem modernen Geiste, dann spürt man, in wie erschreckendem Maße dem modernen Menschen überhaupt jenes elementare seelische Reinigungsbedürfnis abhanden gekommen ist, das im antiken Menschen so unverfälscht lebendig war. Kennen wir diesen furchtbaren Schauder vor der Schuld, dieses brennende Verlangen, von einem begangenen Frevel durch freiwilliges Leiden rein zu werden?" Er erblickt in dem Verhalten des Ödipus den „Aufstand des Gewissensmenschen gegen alles, was ihn entschuldigen will; Zufall, Milieu, Erbschaft, Natur". Die Gegensätzlichkeit zwischen antikem und modernem Empfinden ist in dieser Bemerkung Försters richtig beobachtet. Aber man wird ihm nicht vorbehaltslos zustimmen, wenn er das fanatische Schuldgefühl und Sühnebedürfnis ohne weiteres mit dem Wertakzent versieht. Ein solches Aufgehen in Selbstanklage führt leicht in psychopathische Zustände und braucht gegenüber seelischer Gefaßtheit unter ethischen Gesichtspunkten nicht unbedingt das Wertvollere zu sein.

Weitausgreifende kriminologische Ausblicke bietet unter Zugrundelegung des durch die mittelalterliche Scholastik ausgebauten katholischen Dogmas Dante Alighieri in seiner „Göttlichen Komödie", wo eine Wanderung durch Hölle, Fegefeuer und Paradies geschildert und das Weltgeschehen unter den Gesichtspunkt des Jüngsten Gerichts gestellt wird. Straftheoretischen und verbrechenskundlichen Zusammenhängen ist namentlich der erste Teil, das Inferno, aber auch das Fegefeuer (Purgatorio) gewidmet.

Zwei Grundprinzipien des Strafens: Ausrottungsstrafe oder Rettungsstrafe zeichnen sich in dem uns hier eröffneten Weltbilde deutlich ab. Die erste schließt den Schuldigen endgültig von der weiteren Teilhabe an der ihn bisher beheimatenden Wertordnung aus, die zweite dagegen hat den Sinn, daß ihm um den Preis der Strafe die sonst verwirkte Teilnahme an den Lebensgütern erhalten bleibt.

Der zwar heute ganz in den Hintergrund tretende, aber in der Rechtsgeschichte eine erhebliche Rolle spielende Gedanke der Sinnfälligkeit und Symbolhaltigkeit der Strafe, die Spiegelung des Verbrechenscharakters in der Art der Ahndung, tritt, getragen von unüberbietbarer dichterischer Gestaltungskraft, überall hervor.

Auch erweist sich Dante nach Art eines Feuerbach oder des Alten und Neuen Pitaval als Chronist denkwürdiger Verbrechen, deren allerdings nicht in ausführlicher Darstellung, sondern nur in wenigen prägnanten Worten — gewissermaßen durch Appell an die noch frische Erinnerung der Zeitgenossen — gedacht wird.

Der die Dynamik der Strafgerichtsbarkeit bildende Kampf zwischen Strenge und Milde, die durch Pflicht gebotene Niederkämpfung natürlicher Mitleidregungen findet in unvergänglichen Prägungen seinen Ausdruck. Die Frage nach dem Sinn des Strafens wird gestellt, und sie erhält im Sinne ethisch-religiöser Erwägungen scholastischen Denkens ihre Beantwortung: Durch das Verbrechen verscherzt der Mensch seine höchste Bestimmung, und er gewinnt sie erst wieder, wenn die durch die Schuld geschlagene „Lücke" durch gerechte Strafe „gefüllt" wird.

Ein scharfsinniges System der Verbrechen und sündhaften Anwandlungen wird entworfen: Verbrechen ist Unrecht. Unrecht wird entweder durch Gewalt oder durch Täuschung bewirkt. Die Gewalt kann sich gegen drei verschiedene Partner richten: Gegen die Gottheit, gegen das eigene Ich oder gegen den Nächsten. In jeder Unterabteilung sind wieder zwei verschiedene Arten von Gewaltanwendung möglich, insofern die Gewalt sich jeweils gegen den Partner selbst oder gegen das, was sein ist, wendet. Gewalt am Nächsten führt zu Mord und Verwundung, Gewalt am Gute des Nächsten zu Zerstörung, Brandstiftung und Raub. Gewalttat gegen das eigene Ich ist Selbstmord, Gewalttat gegen das eigene Gut Verschwendung. Gewalttat gegen die Gottheit sind Gotteslästerung und Gottesleugnung. Gewalttat gegen das Besitztum Gottes, nämlich gegen die Natur und ihre Ordnung, sind Wucher und widernatürliche Unzucht.

Für das im Trug bestehende Teilgebiet des Unrechts werden Trug m i t und Trug o h n e Bruch eines besonderen Vertrauensverhältnisses unterschieden. Zum Trug ohne Vertrauensbruch gehören Heucheln, Schmeicheln, Zaubern, Verfälschung, Diebstahl, Kuppeln und andere Verfehlungen. Trug mit Vertrauensbruch führt zu den Fällen des eigentlichen Verrats.

Auch des Mißbrauchs der Strafgerichtsbarkeit zu politischen Zwecken und der Diffamierung unterlegener Gegner wird gedacht. Dante selber wurde aus seiner Vaterstadt verbannt und lebte bis zu seinem Tode als Emigrant.

Kriminologisch bedeutsame Einsichten sind auch bei S h a k e s p e a r e vielfach vorhanden. Sein Othello behandelt ein Leidenschaftsverbrechen. In dem maurischen oder äthiopischen Feldherrn, der mit der venitianischen Patriziertochter in glücklichster Ehe verbunden ist, hat der ethnologische Abstand einen tiefenpsychologischen Unsicherheitskomplex, eine Stelle gesteigerter seelischer Verwundbarkeit verursacht, die — genährt durch die Einflüsterungen eines Intriganten — zum vulkanischen Ausbruch einer ganz unbegründeten Eifersucht und zur sinnlosen Tötung der jungen Frau führt, entstehen lassen.

Der französische Dichter Francois Villon, einer der größten Lyriker, war selber ein Verbrecher. Er wurde geboren 1431. Sein Todesdatum ist unbekannt. 1461 saß er wegen Kirchendiebstahls im Kerker. Dem Tod am Galgen entging er nur durch Begnadigung. Zehn Jahre war er aus Paris verbannt. Eine seiner Balladen trägt den Titel „Des pendus" („Von den Gehängten"). Seine Schriften bereiten den Philologen Schwierigkeiten, da sie viele Ausdrücke der Gaunersprache enthalten. Die Gedichte behandeln seinen schlechten Lebenswandel, die Reue, den Haß, die Liebe, das menschliche Leben, den Tod, die Vergänglichkeit in tief empfundener Sprache. Wegen der Schwierigkeiten der Buchbeschaffung ist eine kriminologische Auswertung seines Werkes hier leider nicht möglich.

Heinrich von Kleist gibt in der Erzählung „Michael Kohlhaas" eine Studie über die Rolle des gekränkten Rechtsgefühls als Ursache von Verbrechen. Wegen eines geringen ihm widerfahrenen Unrechts wird der bis dahin streng rechtlich gesinnte Kohlhaas zum Räuber und Mörder und zum Schrecken der Länder. Sein hochgespanntes Rechtsgefühl war eine Schutzeinrichtung gewesen, um ihm, dem von Natur Hemmungslosen, die Unterordnung unter die sozialen Anforderungen erträglich zu machen. Eine geringe Verletzung genügte, um das mühsam erworbene Gleichgewicht ins Wanken zu bringen. Mit der Erschütterung des Rechtsgefühls wird der Mensch zum Spielball der entfesselten Triebe. Daher reagiert das verletzte Rechtsempfinden am heftigsten gerade bei denjenigen, denen, zufolge einer gewissen Gewaltsamkeit ihres Wesens, der Triebverzicht am schwersten fiel. (Vgl. Alexander und Staub „Der Verbrecher und seine Richter").

Bei Dostojewski sind kriminologische Probleme von zentraler Bedeutung. Verbrechen und Strafe gewinnen bei ihm eine tiefliegende Beziehung zum Sinn des menschlichen Daseins überhaupt. In genialer Intuition hat er in seinen großen Romanen tiefenpsychologische Zusammenhänge erschaut, lange bevor sie von der Forschung theorethisch ergründet und formuliert worden sind. Im Raskolnikow-Roman finden wir beim Täter mehrere in das Unterbewußtsein hinabgehende Schichten seelischer Beweggründe, über die der Verbrecher selber nur unzulänglich Auskunft zu geben weiß. Begriffe, die in der modernen Seelenforschung eine Rolle spielen, wie der Drang zum Leid, das präexistente Schuldgefühl, das unterbewußte Strafbedürfnis, der innere Geständniszwang treten uns bei Dostojewskis Verbrechergestalten entgegen. Einen Fall von Geständniszwang behandelt ein Kapitel im Karamasow-Roman, wo ein Gattenmörder sich ohne äußeren Anlaß viele Jahre nach dem Verbrechen der Strafjustiz überliefert.

Die Übermacht, die das verübte Verbrechen in der Seele des Täters über alle sonstigen Lebensinhalte erlangt, kommt in eindrucksvollster Gestaltung zu Geltung. Eine „Logik" des Sühnegedankens wird entwickelt. Die Sühne wird dem Verbrecher zum Bedürfnis.

Das Entstehen des Vorsatzes und das Näherkommen des Verbrechens empfindet der Täter bei Dostojewski als einen sich in ihm abspielenden Prozeß, an dessen Fortgang er selber mit der Spontanität seiner Willensbildung eigentlich nicht beteiligt ist, gewissermaßen als das Eingreifen geheimnisvoller fremder Gewalten, denen das Eintreten sonderbarer, die Ermöglichung des Verbrechens begünstigender Zufälle zu dienen scheint.

Dostojewski hat wegen einer politischen Verschwörung selber vier Jahre als Strafgefangener in Sibirien gelebt. Die hier gemachten Erfahrungen schildert er in den „Memorien aus einem Totenhaus". Das erzwungene Zusammenleben zusammengewürfelter krimineller Elemente schafft besondere psychologische und soziologische Gesetze, für die der dem freien Leben entnommene Maßstab sich als unzulänglich erweist. Wie der neu Eingelieferte alsbald entdeckt, hat die Katorga (das Strafgefangenenlager) eine „Tiefendimension", die erst mit dem Erschließen der seelischen Verfassung der

Verbrecherpersönlichkeiten allmählich zugänglich wird. „Wir sind ein gelehrtes Volk“ — wird von den Verbrechern oft mit einer gewissen Selbstzufriedenheit geäußert.

Die Beschränkung der Wirkungsmöglichkeit des Menschen nach außen hat zur Folge ein Wuchern des Innenlebens im Wachen sowohl wie im Traume. Alle Sträflinge der Katorga sind „Denker“. „Sie dürfen keine Gefühle haben und schreien daher in den Nächten auf“. Das Fehlen äußerer Ziele treibt manchen zur Mystik. „Das Verbrechen“, meint Dostojewski schließlich, „kann nicht nach festen Gesichtspunkten erklärt werden, und eine Philosophie desselben ist schwieriger, als man wohl glaubt.“

VIII.
Schrifttum.

1. Adler. Individualpsychologie. 1927.
2. Adler. Studien über Minderwertigkeit von Organen. 1907.
3. Adler. Über den nervösen Charakter. 1912 (3. Aufl. 1922).
4. Adler. Praxis und Theorie der Individualpsychologie. 1920 (4. Aufl. 1930).
5. Aichhorn. Verwahrloste Jugend. 1931.
6. Aschaffenburg. Psychiatrie und Strafrecht. 1928.
7. Aschaffenburg. Das Verbrechen und seine Bekämpfung. 3. Aufl. 1923.
8. Archiv für Kriminologie, herausgegeben von Heindl.
9. Baer. Das Verbrechen in anthropologischer Beziehung. 1893.
10. Baur-Fischer-Lenz. Menschliche Erblichkeitslehre. 3. Aufl. 1927.
11. Bebel. Frau und Sozialismus. Stuttgart 1897.
12. Birnbaum. Der psychopathische Verbrecher. 2. Aufl. 1926.
13. Birnbaum. Kriminalpsychopathologie. 2. Aufl. 1931.
14. Bloch. Die Prostitution. 1912.
15. Bonne. Das Verbrechen als Krankheit.
16. Bühler (Charlotte). Das Seelenleben der Jugendlichen. 5. Aufl. 1929.
17. Buerschaper. Soziale Strafrechtspflege. 1929.
18. Coenen. Strafrecht und Psychoanalyse. 1929.
19. Ellis (Havelok). Verbrecher und Verbrechen. Leipzig 1895.
20. Ewald. Temperament und Charakter.
21. Exner. Krieg und Kriminalität. 1926.
22. Ferri. Das Verbrechen als soziale Erscheinung. Deutsch 1896.
23. v. Feuerbach. Aktenmäßige Darstellung merkwürdiger Verbrechen. 3. Aufl. 1849.
24. Förster. Schuld und Sühne. 1911.

25. Freud. Zur Geschichte der psychoanalytischen Bewegung (Jahrbuch der Psychoanalyse Bd. 6) 1914.
26. Freud. Studien über Hysterie. 1895.
27. Freud. Die Traumdeutung. 1907 (7. Aufl. 1922).
28. Freud. Zur Psychopathologie des Alltagslebens. 1901.
29. Freud. Über Psychoanalyse. 1910.
30. Freud. Totem und Tabu. 1916—1918 (4. Aufl. 1922).
31. Freund. Strafrechtsreform im Zeichen der marxistischen Theorie (Zeitschrift für gesamte Strafrechtswissenschaft Bd. 51, Seite 301).
32. Garofalo. Criminologie (Paris-Alcan, 2. Aufl. 1891, 3. Aufl. 1895).
33. Groß. Kriminalpsychologie. 2. Aufl. 1905 (1933).
34. Handwörterbuch der Kriminologie, herausgegeben von Elster und Lingemann seit Mai 1932 (Verlag de Gruyter).
35. Hellwig. Aberglaube und gerichtliche Medizin. 1914.
36. Hellwig. Kriminaltelepathie. 1927.
37. Heindl. Der Berufsverbrecher. 1926.
38. Hellwig. Okkultismus und Wissenschaft. 1926.
39. Hoche. Handbuch der gesamten Psychiatrie. 3. Aufl. 1934.
40. Hoffmann. Vererbung und Seelenleben. 1922.
41. Hoffmann. Die individuelle Entwicklungskurve des Menschen. 1922.
42. Hoffmann. Charakter und Umwelt. 1928.
43. Hoffmann. Die Reifezeit. 3. Aufl. 1930.
44. Hoffmann. Psychologie der straffälligen Jugend. Leipzig 1919.
45. Hoffmann. Das Problem des Charakteraufbaus. 1926.
46. Internationale Zeitschrift für Psychoanalyse.
47. Internationale Zeitschrift für Individualpsychologre.
48. Ivens. Hypnose und Strafrecht. 1927.
49. Jaensch. Die Eidethik und die typologische Forschungsmethode. 1927.
50. Jaspers. Psychopathologie.
51. Jung (C. G.). Psychologie der unbewußten Prozesse. 1917.
52. Jung (C. G.). Psychologische Typen. 1921.
53. van Kan. Les Causes économiques de la Criminalité. Amsterdam 1903.

54. v. Kraft-Ebing. Grundzüge der Kriminalpsychologie. 2. Aufl. 1900.
55. v. Kraft-Ebing. Lehrbuch der gerichtlichen Psychopathologie. 3. Aufl. 1892.
56. Kretschmer. Medizinische Psychologie. 4. Aufl. 1930.
57. Kretschmer. Der sensitive Beziehungswahn. 2. Aufl. 1927.
58. Kretschmer. Körperbau und Charakter. 9/10. Aufl. 1931.
59. Krille. Weibliche Kriminalität und Ehe. 1931.
60. Kronfeld. Lehrbuch der Charakterkunde. 1932.
61. Kreutz. Der Einfluß der erblichen Belastung und der Umwelt bei Kriminellen (Allgemeine Zeitschrift für Psychiatrie Bd. 95).
62. Lenz. Grundriß der Kriminalbiologie. 1927.
63. Lessing. Haarmann. 1925.
64. Liepmann. Die Problematik des progressiven Strafvollzugs (Monatsschrift für Kriminalpsychologie). 1926. (Beiheft).
65. v. Lißt-Schmidt. Lehrbuch des Deutschen Strafrechts. 1932. (26. Aufl.).
66. Lombroso. L'uomo delinquente in rapporto all'antropologia giurisprudenze ed alle discipline carcerarie. 1. Aufl. 1871—1876.
67. Löwenstamm. Aberglaube und Strafrecht. Berlin 1897.
68. Löwenstamm. Der Fanatismus als Quelle des Verbrechens. Berlin 1899.
69. Luz. Ursache und Bekämpfung des Verbrechens im Urteil des Verbrechers.
70. Luz. Das Verbrechen in der Darstellung des Verbrechers. 1927.
71. Marcuse. Handwörterbuch der Sexualwissenschaft. 2. Aufl. 1926.
72. Mezger. Kriminalpolitik auf kriminalbiologischer Grundlage. 1934.
73. Mezger. Strafrecht. 2. Aufl. 1933.
74. Monatsschrift für Kriminalpsychologie und Strafrechtsform (Herausgegeben von Aschaffenburg und Hans v. Hentig).
75. Nagler. Anlage, Umwelt und Persönlichkeit des Verbrechers (Gerichtssaal Bd. 102).

76. v. Oettingen. Die Moralstatistik in ihrer Bedeutung für die Sozialethik. 1868 und 1882.
77. Pelmann. Psychische Grenzzustände. 4. Aufl. 1920.
78. Pitaval (Der Neue) von Hitzig und Hering. 60 Bände. 2. Aufl. 1857 ff.
79. Pitaval der Gegenwart. Herausgegeben von Frank und anderen. Tübingen Verlag Mohr.
80. Pitaval (Der Alte). Paris 1735/43. Herausgegeben von Gayot de Pitaval (Auszug deutsch 1910 erschienen).
81. Parent du Chatelet. De la Prostitution dans la Ville de Paris. 1857.
82. Poltitz. Die Psychologie des Verbrechens. 3. Aufl. 1925.
83. Reick. Geständniszwang und Strafbedürfnis. 1925.
84. Reiß. Über erbliche Belastung von Schwerverbrechern (Klinische Wochenschrift 1922).
85. Schmidt (Eugen). Das Verbrechen als Ausdruck sozialer Entmutigung. 1931.
86. Schneickert. Kriminalsoziologie und Verbrechensbekämpfung. 1935.
87. Schneickert. Kriminaltaktik.
88. Schneider (Kurt). Die Psychopathischen Persönlichkeiten. 2. Aufl. 1928.
89. Schurig. Lebensläufe vielfach rückfälliger Verbrecher. 1930.
90. Spranger. Psychologie des Jugendalters. 16. Aufl. 1932.
91. Staub-Alexander. Der Verbrecher und seine Richter. 1929.
92. Tarde. La criminalité comparée. 1890. 2. Aufl.
93. Tarde. La philosophie pénale. 1890.
94. Wilmanns. Die sogenannte verminderte Zurechnungsfähigkeit. 1927.
95. Wulffen. Kriminalpsychologie. 1926.
96. Wulffen. Das Weib als Sexualverbrecherin. 3. Aufl. 1931.
97. Wulffen. Der Sexualverbrecher. 1908.
98. Verbrechertypen. Herausgegeben von Gruhle und Wetzel. Berlin. Verlag Springer).
99. Zeitschrift für die gesamte Strafrechtswissenschaft.
100. Mayer. Das Verbrechen in Hypnose. 1937.

Sachverzeichnis.

FSC
www.fsc.org
MIX
Papier | Fördert gute Waldnutzung
FSC® C083411

Kolibri 360 GmbH
Ferdinand-Jühlke-Straße 7
99095 Erfurt, Deutschland
produktsicherheit@kolibri360.de